Sou Dessas

PRONTA PRO COMBATE

VALESCA

Sou Dessas

PRONTA PRO COMBATE

VALESCA

1ª edição

Rio de Janeiro | 2016

Edição
Rayana Faria
Thiago Mlaker

Consultoria
Leandro Pardal
Thelles Henrique
Rubinho Neto

Preparação
Lígia Alves

Direção de arte e projeto gráfico
Diego Fernandes

Fotos de capa e miolo
Beto Gatti

CIP-BRASIL. CATALOGAÇÃO NA PUBLICAÇÃO
SINDICATO NACIONAL DOS EDITORES DE LIVROS, RJ

S233s

Santos, Valesca dos, 1978-
Sou dessas: pronta pro combate / Valesca dos Santos. - 1. ed. -
Rio de Janeiro: Best Seller, 2016.

ISBN 978-85-7684-997-1

1. Funk (Música) - Rio de Janeiro (RJ) - História e crítica. 2. Funk (Música) -
Aspectos sociais - Rio de Janeiro (RJ). I. Título.

16-34318   CDD: 305.230981
                                                                        CDU: 316.74:78.067.26

Texto revisado segundo o novo Acordo Ortográfico da Língua Portuguesa.
Sou dessas
Copyright © 2016 by Pardal Produções e Valesca dos Santos

Todos os direitos reservados. Proibida a reprodução, no todo ou em parte, sem autorização prévia
por escrito da editora, sejam quais forem os meios empregados.
Direitos exclusivos de publicação em língua portuguesa para o mundo adquiridos pela
EDITORA BEST SELLER LTDA.
Rua Argentina, 171, parte, São Cristóvão
Rio de Janeiro, RJ - 20921-380
que se reserva a propriedade literária desta tradução

Impresso no Brasil

ISBN 978-85-7684-997-1

Seja um leitor preferencial Record.
Cadastre-se e receba informações sobre nossos lançamentos e nossas promoções.

Atendimento e venda direta ao leitor
mdireto@record.com.br ou (21) 2585-2002

Este livro é dedicado especialmente ao meu filho e à minha família - sem vocês nada teria sido possível. E a vocês, popofãs - agora leitores! Vocês são LACRADORES!

SUMÁRIO

PREFÁCIO
por Ana Paula Renault 9

INTRODUÇÃO
Da Gaiola para o mundo 11

parte 1
ONDE TUDO COMEÇOU

O começo de tudo 17

Os bastidores da indústria do funk 27

Os popofãs 31

Tudo pelo sucesso 35

parte 2
SE AME, SE ACEITE, SE CUIDE

Sexo na adolescência e gravidez precoce 43

Liberdade sexual 49

Orientação sexual e identidade de gênero 53

A mídia e a sexualidade 59

A sexualidade e as letras do funk 65

parte 3
SEJA QUEM VOCÊ QUER SER

73 Amor-próprio

79 Relacionamentos abusivos

85 Cantadas e outras grosserias cotidianas

91 O empoderamento da mulher
e o mercado de trabalho

95 Homens recalcados e mulheres bem-sucedidas

101 Preconceito e igualdade racial

parte 4
OS AMIGOS E A
RELAÇÃO COM OS FAMOSOS

107 O dia a dia: a Valesca de ontem e de hoje

parte 5
RIVALIDADE NO MUNDO DO FUNK

127 As mulheres-fruta, as desavenças nas redes
sociais e a Valesca que poucos conhecem

137 Reality Show

147 Carreira solo e "Beijinho no ombro"

155 As divas nacionais e internacionais

parte 6
NO BATIDÃO

163 As letras mais polêmicas

PALAVRAS FINAIS

187 Estupro

PREFÁCIO
por Ana Paula Renault

PARA TUDOOOOO!

SABER QUE UMA CASA LITERÁRIA ENTENDEU A IMPORTÂNCIA de registrar o que pensa Valesca Popozuda e sua experiência de vida é um marco que garante a permanência dessa personalidade ímpar no cenário artístico brasileiro.

Prepare-se, porque você está embarcando em uma surpreendente aventura, que o fará refletir muito sobre as suas escolhas.

Este livro vai abalar os seus conceitos sobre certo e errado, ser ou não ser, rótulo e essência. Você verá a adrenalina tomar conta de todo o seu corpo quando souber o que essa menina teve que fazer e suportar para chegar aonde chegou.

Uma mulher que hoje tem o status de musa do funk, estrela pop, sex symbol, ícone feminista e diva da música popular brasileira.

Para Valesca o meu respeito, a minha admiração e aplausos, para saudá-la fazendo o barulho que ela merece! Aqui somente muito tiro, porrada e bomba!!!

Com todo o orgulho, quero dizer que eu também sou dessas!

Valesca nasceu pronta pro combate!

Olha elaaaaaaa!

INTRODUÇÃO: DA GAIOLA PARA O MUNDO

NOSSA, QUE ARRASO!!! Eu tenho certeza de que estou falando para uma pessoa especial. Sim, você. Você, que se interessou em ler o meu livro e conhecer um pouco mais sobre mim, sobre a minha trajetória e os meus pensamentos.

A minha grande inspiração, o que me fez aceitar o desafio de escrever este livro, foram pessoas como você. Estou adorando essa oportunidade de me aproximar mais dos meus popofãs e mostrar que eu me importo muito com o que falo!

Muita gente insiste em dizer que o que eu falo e faço é vazio, sem sentido e sem conteúdo. Que as minhas músicas são um lixo e que o funk não tem valor, que funk não é música de verdade. Que a minha dança é apelativa e que as minhas roupas são vulgares. Olha, gente. Sabe de uma coisa? Tem muito funk por aí que realmente não vale a pena ser ouvido. Assim como tem cantores considerados "de valor" que gravam músicas sem sentido. Tem artistas nada certinhos que batalham por coisas importantes e querem fazer outras pessoas compreenderem qual é o seu lugar no mundo.

Popofãs são vocês, meus fãs, amigos, seguidores, pessoas que fazem minha carreira brilhar.

A minha missão neste mundo é divertir as pessoas. Mas eu sei que posso fazer mais. Posso transmitir mensagens que de alguma forma te façam superar limites, enfrentar problemas, se olhar no espelho, levantar a cabeça, sacudir a poeira e dar a volta por cima. Isso está muito acima da minha roupa, da minha coreografia e do ritmo do meu batidão.

Não importa a situação, meu amor. Nós, mulheres, somos absolutas, e nada nesta vida pode nos derrubar.

Desde o início resolvi que não queria um livro em forma de biografia, contando toda uma trajetória de vida e carreira. Isso você pode ver em uma dessas revistas de celebridade, ou então na internet.

Não. A minha vontade era trocar uma ideia com você sobre coisas que têm a ver com a sua vida. Claro que, nesse bate-papo, vou relatar alguns momentos que vivi e que considero importantes.

Uma verdade que aprendi rapidinho nesta minha vida foi: temos que ter atitude e saber o que queremos. Para realizar os nossos sonhos, vale tudo. Vale ir até as últimas consequências. Só não vale se humilhar, tá? Nada de cair do salto. E nem puxar o tapete de ninguém. Eu sou a prova viva de que, quando você quer mesmo alguma coisa, o universo vai conspirar a seu favor e a mágica vai acontecer. Experimente. É superpossível!

Para que você comece a ter noção dessa mágica na vida de uma pessoa, eu vou usar exemplos da minha história pessoal. Algumas situações foram de extrema importância para que eu pudesse aguentar o tranco, suportando todos os tipos de preconceito e discriminação para chegar até aqui. E hoje sou considerada um exemplo de sucesso.

Quero muito incentivar você a subir os seus próprios degraus rumo ao sucesso e poder um dia escrever seu próprio livro, mencionando este exato momento, quando você acreditou nas minhas dicas. Vou ficar feliz demais se souber que ajudei você a realizar uma mudança radical na sua vida. Para muito, muito, muito, melhor.

parte 1

ONDE TUDO COMEÇOU

1
O COMEÇO DE TUDO

EU TIVE A SORTE DE NASCER DE UM "ÚTERO FEMINISTA". Minha mãe, a dona Regina Célia, sempre foi uma grande batalhadora, uma verdadeira guerreira e criou a mim e aos meus três irmãos com o suor do próprio rosto. Desde cedo fomos acostumados a ver uma mulher que não parava para pensar nos problemas e ditava as regras da casa, tomando as atitudes que sempre admirei e que me fariam ser a mulher que sou hoje.

Dedico este livro a ela, dedico o livro à pessoa que me inspirou a ser quem sou hoje! Minha mãe!

Minha mãe foi jogada ainda bebê em um colégio interno no bairro de Quintino, no Rio de Janeiro. Ela cresceu sem família, nunca conheceu os pais e só saiu do orfanato aos 15 anos, para trabalhar como doméstica na casa de uma família.

Naquela época, as pessoas iam aos colégios internos para "escolherem" as meninas para trabalharem em suas casas. Elas não eram adotas para terem uma família, e sim para serem empregadas. Para muitas, essa era a única referência de família que conheciam.

Aos 17 anos, minha mãe conheceu meu pai. Ele nunca foi presente em minha vida. Abandonou a minha mãe grávida e simplesmente sumiu. Nunca cheguei a ter contato com ele. A história da minha mãe poderia ter se repetido comigo, mas o que fez a diferença foi o fato de que ela não me abandonou, nunca me deixou por nada.

Minha mãe morava em Piedade e, enquanto estava grávida de mim, trabalhava na casa de uma família. Ela lutava para não precisar me abandonar, como tinham feito com ela. Trabalhou na residência de um casal que não conseguia ter filhos, e esse casal tentou a todo custo fazer com que ela me desse a eles. Ela não gostava nem de ouvir aquela ideia de me oferecer para adoção. Nasci no dia 6 de outubro, e esse casal queria me registrar como filha deles, mas minha mãe não deixou. A mulher chegou a ir no cartório, contra a vontade da minha mãe, e me registrou no dia 7. Por que o dia 7? Porque a mãe dela havia falecido um mês antes, também no dia 7, e ela quis fazer o registro um mês após a morte da mãe, no mesmo dia. Bem, já nasci com esse fato estranho e curioso na minha história.

Aos 12 anos, conheci meu pai. Eu não tinha carinho algum por ele, porque apenas nos conhecemos, não tivemos convívio. A referência que eu tinha de pai era meu padrasto Luiz, o Luizinho. Ele assumiu minha mãe com uma filha e nunca me deixou faltar nada. Seu problema era a agressividade com a minha mãe por conta de ciúmes.

Eles tinham brigas sérias, e a minha mãe era constantemente agredida por ele. Quando eu tinha 12 anos, ela decidiu se separar. Estava cansada das brigas, não aguentava mais apanhar. Quando a minha mãe conseguiu se afastar dele, fomos morar em um pequeno porão na mesma rua. E o porão era tão pequeno que não cabíamos em pé lá dentro.

Apesar disso tudo, meu padrasto, mesmo após separado, fazia questão de ajudar na minha criação, continuava me ajudando com tênis para a escola, material, e sempre que passava na rua lembrava de mim.

Quando eu tinha 13 anos, minha mãe conheceu Estaneslau, pai dos meus três irmãos. A princípio, éramos três pessoas morando em um pequeno porão que não tinha nem banheiro nem pia. Pegávamos água no quintal, usávamos o banheiro da casa de vizinhos... Algum tempo depois, nos mudamos e fomos morar em Campo Grande, em Santa Margarida. Apesar da pequena melhora, ainda passávamos por muitas dificuldades.

Meu primeiro emprego foi aos 13 anos, ajudando meu padrasto em uma barraquinha de frutas e verduras. Como nos mudávamos sempre, dali fomos morar no Engenho de Dentro.

SOU DESSAS

Foi aos 14 anos que decidi sair de casa. Não houve abuso por parte dele, como muitos acharam na época. O real motivo de eu ter saído de casa foi o fato de que meu padrasto sempre me colocava de castigo e aquilo me incomodava.

Eu fui morar com amigas, e nós dividíamos tudo. Foi quando fui trabalhar em uma lanchonete para me sustentar. Mesmo com o pouco que ganhava, eu já ajudava a minha mãe naquela época. Muitos acham que ajudo hoje em dia somente por ser famosa, mas eu já segurava as pontas dela com o pouco que tinha.

Quem conseguia pôr o pão dentro casa na época era a minha mãe. Lembro que minha irmã havia acabado de nascer e não tinha uma fralda de pano para usar.

Minha mãe foi muito guerreira, aguentou muita coisa por mim e por meus irmãos, foi então que comecei a admirá-la ainda mais como mãe e mulher.

Aos 18 anos, comecei a trabalhar como frentista, e esse emprego me deu a estabilidade de que eu precisava na época. No entanto, meu foco àquela altura já era outro. Eu estava fazendo figuração na Rede Globo e queria investir nisso. Já estava inclusive procurando cursos de atuação. Porém, mesmo tomando pílula e me cuidando, eu acabei engravidando. Descobri quando estava fazendo um book fotográfico para uma agência de modelos, e, naquele instante, o desespero bateu à minha porta. Eu não queria que o meu filho passasse por nada

VALESCA

do que eu tinha passado, e não pensei duas vezes para voltar para o emprego do posto. Lá eu tinha estabilidade e poderia criar meu filho de forma digna.

Meu filho nasceu e lá estava eu, trabalhando apenas no posto; eu tinha deixado para trás a vontade de ser atriz ou modelo. Mas sem eu saber o Pardal, pai do meu filho e meu empresário, tinha um projeto e sabia de antemão que eu não toparia. Foi quando ele pediu a um amigo que se passasse por um empresário e me fizesse a proposta de entrar para o grupo Gaiola das Popozudas. Tive medo de sair do posto e esse projeto não dar certo. Era algo novo, e eu não queria trocar meu emprego formal por algo duvidoso. Relutei muito, mas a tentação era grande demais. Por meses trabalhei como frentista e como dançarina da Gaiola.

Até que, durante um show, um contratante desavisado me perguntou pelo nosso empresário: "O Leandro Pardal não veio?" Aquilo me deixou chocada! Foi aí que eu descobri que o tal "empresário" que tinha me descoberto era o Pardal! Naquela hora eu tive vontade de matá-lo, mas graças a Deus a Gaiola deu certo e toda essa loucura valeu a pena.

Nosso trabalho evoluiu, mas o dinheiro nem tanto. O lucro dos eventos era baixo, e mal sobrava algum para pagar as despesas pessoais e sobrevivermos.

Com o trabalho pronto, mas sem a grana para divulgar a Gaiola das Popozudas, Pardal oferecia nosso show de graça para os contratantes, que, ao olharem a foto da formação do grupo, aceitavam de imediato. A estratégia funcionou. Por nos apresentarmos com um figurino mínimo, bem provocante, e sendo nossa performance extremamente sensual, em pouco tempo já tínhamos uma legião de fãs formada somente por "bofes" que tomavam a frente dos palcos e, alucinados, gritavam obscenidades e pediam bis.

Paredão de caixas de som gigantes que tocam nos bailes funk.

Foi então que o Reginaldo, dono da equipe Curtisom Rio, percebeu nosso sucesso e nos contratou, sendo o primeiro empresário a nos pagar um cachê. Ele nos colocou para fazer um show no famoso clube Emoções da Rocinha, clube top do funk, que até hoje funciona na comunidade da Rocinha, no Rio de Janeiro. Graças a Deus, o evento foi a maior explosão!

O público masculino não parava de distribuir "elogios" e tentava subir no palco. Nós nos entreolhávamos, cientes de que estava rolando um alvoroço bem maior do que nos outros shows. Sabíamos que a performance provocava naqueles rapazes o desejo de nos tocar, algo que ao longo daquele show foi ficando mais intenso e sem controle. Então, ao fim da apresentação, aqueles "fãs" sedentos invadiram o palco para nos agarrar. Eles não tentavam nos bolinar. Percebi que apenas tentavam tocar as dançarinas "gostosas" e nos puxavam para todos os lados enquanto tentávamos fugir. Resumo da ópera: acabamos saindo com a ajuda da segurança do local, porém nós quatro saímos praticamente nuas do baile, arrancaram quase todas as nossas roupas!

Logo depois desse episódio, Pardal montou uma equipe de produção e colocou literalmente seis gaiolas de ferro no palco para realizarmos a performance. Começamos a fazer muitos shows, cerca de quinze por semana, e ele então decidiu fazer uma filmagem da nossa apresentação dentro das gaiolas e enviar para os contratantes de fora do Rio de Janeiro. Mas ele logo descobriu que os donos das casas estavam fazendo eventos com os títulos semelhantes ao nome do nosso grupo, tais como "Na Gaiola com as Popozudas", e usavam dançarinas locais dentro de gaiolas. Uma vez que a nossa imagem ainda não era muito divulgada fora do Rio, as pessoas de outras regiões acreditavam estar assistindo a um show da Gaiola das Popozudas. Foi aí que o Pardal teve a ideia de mudar a fórmula da Gaiola, que seria importante ter no grupo uma vocalista, e me pediu para começar a cantar. Aquela ideia me pareceu tão absurda que imediatamente respondi: "Tá maluco?" Eu não aceitei, pois jamais tinha me imaginado cantando. Pardal então não tocou mais no assunto...

Uma semana depois, tínhamos um grande baile para nos apresentar, no Clube ParaTodos da Pavuna, e o baile estava uma "uva", lotadíssimo! Nossa grande satisfação era saber que estaríamos presentes no mesmo evento que o Mr. Catra.

Chegou o domingo e nós seguimos para o clube. Assim que entramos no camarim, curiosamente olhei pela fresta da coxia, para ver como estava a casa, totalmente lotada, porém vi aquela multidão já curtindo o baile, mas nada das gaiolas que sempre usávamos nos shows. Questionei o Pardal, que contou que a equipe montaria as gaiolas depois do show do Mr. Catra. Então fiquei tranquila e nem desconfiei de que aquilo não aconteceria e que estaria prestes a viver

VALESCA

o momento que mudaria a direção da minha vida para sempre.

Ao terminar o show, maravilhoso por sinal, o próprio Mr. Catra anunciou, com toda a pompa do mundo, o nosso grupo: "Com vocês, o fenômeno do funk, Gaiola das Popozudas!"

Que nada mais é que um funk de letra leve.

Tomamos um susto. Pardal imediatamente colocou um microfone na minha mão, me empurrou para o palco e começou a gritar: "Entra! Entra! Entra!"

As meninas e eu não sabíamos o que fazer, já que as gaiolas de ferro não estavam montadas e nós só tínhamos aquele número ensaiado. Quando olhei para o Pardal, que estava nas pick-ups (ele também era nosso DJ), ele soltou um tamborzão de base, aquele só com a batida da música e sem a voz do MC. Então ficou gesticulando com a mão fechada perto da boca. Ele queria que eu cantasse!

Eu me virei para o público, totalmente insegura, e comecei a cantar um sucesso da época chamado "Descontroladas". Era um *funk light* que estava bombando nas rádios.

Quando comecei a cantar, talvez pelo meu nervosismo, algumas pessoas se irritaram e jogaram latas na gente. Outras não... Foram muitas latadas enquanto os caras gritavam "dança aí!". Fiquei apavorada. Eu só queria sair correndo e abandonar tudo, mas, como eu tinha a dona Regina Célia como exemplo, pensei em toda a sua luta e garra e me conscientizei de que não havia nada melhor para me fazer seguir adiante do que um desafio como aquele.

Então, firmei meu pensamento no sucesso e comecei a cantar um *funk proibidão*, daqueles cheios de palavrões, um que eu mesma havia escrito, que se chamava "Vai mamada". Eu nunca havia pensado em cantar aquele funk

> "Vai, se prepara, mulher
> Que o furdúncio já vai começar."

Se você é popofã deve saber, mas este livro é para todo mundo, então vale lembrar: funk proibidão é aquele com letras fortes e palavrões. Muitas vezes os funkeiros fazem a versão "proibidão" e a versão "light", para as rádios, trocando os termos mais pesados.

em público, porque a letra era forte, mas o público começou a reagir de maneira positiva. Para minha total surpresa, a plateia mudou de comportamento. Os machões começaram a curtir e a mulherada descia até o chão.

Naquele momento, olhei para as meninas do grupo, que dançavam e diziam: "É isso aí!", e para o Pardal, que gritava: "Você é foda!"

Percebemos que era aquilo que o público dos bailes estava querendo ouvir. Ali eu tive o norte e a certeza de que era aquele tipo de funk que as pessoas curtiam. Tudo aconteceu em pouco mais de um minuto. Precisei pensar rápido e decidir entre cantar ou abandonar o palco. Na hora H, o tempo parecia infinito. Eu em cima daquele palco, Pardal gritando para eu cantar, as meninas do grupo me esperando, o público atirando latinhas... Durou uma vida inteira. Mas a fúria da vitória tomou conta de mim, eu reagi e tomei a decisão certa.

Hoje enxergo com clareza que foi naquele exato momento, quando eu estava prestes a desistir de tudo, devido à gravidez que me pegara de surpresa, sem saber o que fazer, quando o Pardal me colocou pra cantar, que tudo começou a acontecer de verdade. Foi exatamente ali que tomei a decisão de me tornar cantora de funk, mas não uma cantora qualquer. Eu cantaria letras com apelo sexual.

Hoje eu sei que foi tudo uma armação do Pardal. Depois ele acabou revelando que, apesar de eu não aceitar a ideia de ser a vocalista, ele nunca desistiu desse plano. Ele conhecia a minha garra, a minha fibra, e apostou que eu não recuaria na hora em que o bicho pegasse.

E foi o que eu fiz. Apesar de todo o medo que senti, me mantive forte e acreditei em mim mesma, olhei para dentro de mim e não amarelei, encarei a situação. O Pardal estava certo! O que eu mais desejava era ter um trabalho próspero. Como eu disse no início deste livro, quando a gente deseja de verdade, o universo conspira a favor e a mágica acontece.

Tudo estava correndo muito bem, os homens deliravam quando subíamos no palco e as casas estavam sempre lotadas, mas a Gaiola das Popozudas ainda não tinha conseguido conquistar o público feminino, e isso me incomodava muito. Eu sentia nos bailes que as meninas não gostavam do grupo. Minhas colegas e eu éramos atacadas com palavrões e até beliscões.

VALESCA

Eu comentava sempre com o Pardal que nós tínhamos de conquistar as meninas, afinal somos mulheres e tínhamos que agradar primeiro a elas, ser um exemplo de alguma forma.

Tive então a ideia de fazer letras que traduzissem um comportamento libertário. Letras que revelassem o que as mulheres queriam dizer e sentir naquele momento. Então surgiram sucessos como "Agora eu sou solteira e ninguém vai me segurar". Essas músicas chocavam os mais conservadores, mas davam voz às mulheres. Eram músicas de empoderamento!

Esses funks eram lançados nos bailes, as mulheres aprendiam rápido, inventavam versões ainda mais proibidonas e cantavam para mim nos shows.

> O empoderamento, devolve poder, dignidade e, principalmente, liberdade de decidir e controlar seu próprio destino, com responsabilidade e respeito ao outro.

2

OS BASTIDORES DA INDÚSTRIA DO FUNK

FORAM TANTOS OS PERREN-GUES que muitas vezes passou pela minha cabeça desistir, mas eu contei com a minha força interior e com a ajuda de pessoas muito especiais.

O Leandro Pardal, com quem eu comecei a minha carreira, foi o grande responsável pelas estratégias e a estrutura que me projetou no mercado. Ele foi o meu empresário e do nosso relacionamento me deu o meu único filho, Pablo, um presente de Deus que é o grande amor da minha vida.

Hoje Pardal continua comigo, mas somente como meu empresário e pai do meu filho. Nós nos damos muito bem, somos amigos, formamos um time campeão e jamais pensamos em acabar com essa parceria.

Ele me protegeu diversas vezes das investidas daqueles que queriam se aproveitar da minha fama e do meu corpo e se aproximavam com histórias mirabolantes. Era o cara que criava as letras mais ousadas e compôs diversas das músicas que marcaram a minha carreira.

"Abre o olho senão eu te pego."

Muita gratidão a esse profissional, parceiro e amigo. Ele me segurou pela mão e seguiu junto comigo pela escuridão até encontrarmos a luz no fim do túnel.

No mercado da música existem muitos contadores de histórias, mais

VALESCA

171 é um artigo do código penal referente ao ato de enganar outras pessoas para conseguir benefícios próprios que virou gíria.

conhecidos como 171, que procuram artistas em ascensão para sugar e tirar o máximo que eles possam dar. Eu recebi propostas de muitos desses tipos, mas a minha intuição e a sagacidade do Pardal não permitiram que a gente caísse em armadilhas. Claro que chegamos a trabalhar com pessoas que não cumpriam o que prometiam, mas sempre escapamos das grandes furadas.

Quantas vezes encarei caboclos cheios de historinhas, dizendo que iriam fazer e acontecer com a minha carreira, mas que no fundo queriam mesmo era me pegar.

Para um cara conseguir me conquistar tinha que ter muita personalidade. A lábia era inútil. Quando um homem começava com muita conversinha eu desconfiava logo: ou ele queria se dar bem e ganhar dinheiro nas minhas costas ou queria me levar para a cama.

Um homem que quer você de verdade te olha nos olhos, fala coisas interessantes e em meia dúzia de palavras você já está pensando em dar condição. Eu sei que as pessoas confundem muito,

e a minha performance nos palcos sempre provocou desejo nos homens, as mais loucas fantasias sexuais, mas na época da Gaiola das Popozudas eu já era uma mulher comprometida. Aliás, mesmo depois de separada, jamais permiti que nenhum homem tocasse em mim com terceiras intenções se não fosse um desejo meu também.

Todos os homens que se sentiram poderosos o bastante para chegar em mim e ousar meter a mão boba sem o meu consentimento devem estar sentindo o queixo, a canela ou o saco doendo até agora. A minha reação era enfiar a porrada na hora, na frente de quem quer que estivesse presente. Daí o gostosão deixava o local com fama de babaca.

"Se der mole, te limpo todinho"

Meninas, se liguem na visão: eu não deixava aqueles babacões abusados que não me chamavam a atenção tocarem em mim. Homem bonito por fora e vazio por dentro nunca me interessou. Agora, se um homem charmoso, estiloso, provocasse em mim "aquela" vontade de ser sua fêmea, se eu estivesse solteira, é claro que ele poderia tocar à vontade.

3
OS POPOFÃS

ESTE É UM CAPÍTULO À PARTE da minha vida de artista e mulher. Quando comecei a cantar, eu imaginava que ter fãs era simplesmente encontrar pessoas nas ruas que te reconheceriam e pediriam um autógrafo, ou fariam uma selfie para postar nas redes sociais.

É uma experiência tão linda e tão profunda que não sei como expressar. Me faltam palavras, me vem um nó na garganta... Só quem tem fãs de verdade, como eu tenho, sabe do que estou falando. Aquele que te venera pelo seu trabalho e sabe tudo da sua vida como pessoa, que te protege e te defende quando ouve algo mentiroso a seu respeito, quando não concorda com uma opinião negativa ou uma fofoca maliciosa na imprensa.

Falar dos meus popofãs é difícil. Eu fico com vontade de chorar. Como não se emocionar ao falar das pessoas que mais me admiram nesta vida? Eles são uma imensa família que me adotou como sua parente mais querida. Fazem de tudo por mim e para estar ao meu lado. Já recebi tantas provas de amor... E não nego que amo ser sua Diva Valesca Popozuda.

Um dia percebi que seria mais realizada se pudesse dirigir as minhas mensagens para as mulheres e tomar atitudes de uma mulher de garra e fi-

> *"Beijinho no ombro só quem fecha com o bonde."*

VALESCA

bra. Comecei a transmitir nas minhas letras tudo que eu de fato pensava. Eu queria que as mulheres conhecessem os seus direitos, que elas acreditassem que podem fazer o que bem entenderem.

Por causa dessa minha postura, fui chamada de feminista, rótulo que inicialmente me assustou. É que eu era uma feminista pelas atitudes, mas não fazia parte de nenhum movimento. Hoje, mais madura, compreendo o meu papel na libertação da nova mulher brasileira.

Quando pensei que já tinha conquistado todos os fãs possíveis, algo inusitado aconteceu: as minhas mensagens também agradaram uma outra minoria, formada por pessoas de ótimo coração e que hoje posso orgulhosamente chamar de popofãs. Estou falando da turma LGBT (lésbicas, gays, bissexuais, travestis, transexuais e transgêneros), uma galera muito bacana. É um grupo que eu amo de paixão e que me considera sua Diva também. Defendo a causa deles até a morte!

Não quero menosprezar o fã-clube de outros artistas nem me fazer de melhor do que ninguém, mas, meu amor, para quem tem inveja dos meus fãs não posso fazer nada, deita na BR e chora. Eu tenho muito orgulho de ter conquistado o coração dessa galera imensa. Meus popofãs, vocês são maravilhosos!

Tenho muitas e muitas histórias lindas para contar. Daria para fazer um livro só com situações envolvendo os popofãs, mas vou apenas contar algumas que me marcaram muito.

Tenho um amigo, o Rubinho Jurema, que trabalha comigo hoje em dia. Ele era meu fã. Em todo show que eu fazia no estado do Espírito Santo, ele estava presente. Sempre que eu lançava uma música nova, o Pardal mandava para ele, que rapidamente postava na internet com alguma coreografia. O vídeo virava uma febre nas rodas de dança em pouco tempo. Nós acabamos trazendo o Rubinho para trabalhar conosco e era até engraçado ver. A cada encontro ele vibrava por estar ao meu lado, como se estivesse me vendo pela primeira vez. Nós estamos juntos há cinco anos, e é uma parceria que eu tenho certeza que será eterna. Além de ser um grande amigo, ele me dá toda a segurança de que eu preciso.

Existem aqueles fãs que fazem tatuagens. Eu fico loucaaaaaaaa! Fico imaginando a dor que eles sentiram. Sei que essa prova de amor é realmente marcante e para toda a vida. Sempre que alguém faz uma tatuagem com uma letra de música, com o meu nome ou com o meu rosto, eu tremo de emoção e fico querendo ver logo. Sempre dou um puxão de orelha na pessoa, porque uma tatuagem é uma atitude muito radical. Vai ficar marcada para sempre no corpo, e eu me pergunto se realmente mereço aquilo tudo. Mas no fundo, no fundo me sinto tão amada que acabo levando cada uma dessas histórias no coração.

E tem aqueles fãs que te amam tanto que procuram ser a sua cópia, né? Eu tenho uma popofã transexual que já gastou uma fortuna com cirurgias plásticas para ficar parecida comigo. Costumo brincar que, quando vou mudar o meu cabelo, já falo logo: "Ela vai ter que mudar também! Kkkkkk." Acredite: eu me acho parecida com ela, se bem que o popozão dela tá bem maior que o meu, hein?

São provas de amor de várias formas. Às vezes vou fazer um show em alguma cidade longe do estado deles e, quando chego, eles estão lá. Já entrei em quarto de hotel e ouvi barulho vindo debaixo da cama. Quando olhei, estavam escondidos ali, me esperando! Eu me assusto na hora, mas fico comovida e recebo com o maior carinho. Eu nunca destrataria um fã, nunca deixaria de atender, nem que eu estivesse muito cansada. Eles são minha segunda família, e isso para mim é sagrado!

Sempre digo e repito: os fãs são parte da minha vida, são a minha história. Definitivamente, se eu sou o que sou, é graças a eles. Afirmo com todo o meu amor que os popofãs estão dentro do meu coração. Tudo que eu puder fazer por eles, eu vou fazer. Se precisar, tiro mil fotos, mesmo mais cansada do que qualquer coisa neste mundo. Vou sempre recebê-los com um sorriso no rosto no meu camarim, e nunca vai faltar um abraço e um carinho sincero.

Peço a Deus que nunca deixe nada de ruim acontecer aos meus fãs e que jamais me prive do convívio com eles.

4

TUDO PELO SUCESSO

NÃO PRECISO DEFENDER A TESE de que nunca fui santa, mas que nunca fui puta também é uma verdade. Desde cedo eu defendo a mulher e todas as suas atitudes libertárias ou libertinas. Há muito tempo cantei letras que as inspiram a assumir as rédeas de sua vida e fazer o que bem entendem com o corpo.

São letras altamente feministas e de teor sexual pesado, mas isso não significa que eu tenha vivido todas as situações que aparecem nas minhas letras.

Eu sempre digo: a mulher que, como eu, se sustenta com o suor do próprio rosto ou corpo é digna de ser reconhecida como outra profissional qualquer. Apesar de nunca ter exercido a função de profissional do sexo, eu admiro aquelas que encaram esse batente e não discrimino as que a exercem por puro prazer e diversão.

"Você quer meu corpinho? Não precisa insistir Você quer meu beijinho? Não precisa insistir Você quer colinho? Não precisa insistir."

Sou totalmente desencanada com relação a essa questão. A mulher que não se prende aos tabus de uma sociedade machista e, sem peso na consciência, faz aquilo que bem deseja é uma feminista de verdade e com certeza é muito feliz.

VALESCA

A felicidade nunca é plena para ser humano nenhum, mas a satisfação de ser o que você quer e fazer da sua vida o que bem entende, sim, é plena.

Minha caminhada para o sucesso começou quando eu namorava o Pardal. Depois me casei com ele e engravidei. Então, acredite você ou não, tudo o que eu fiz na minha carreira era apenas performance artística, um grande teatro, com textos em que eu acreditava de verdade.

Eu era acompanhada e dirigida pelo meu parceiro, que, apesar de tudo, jamais se apresentou como meu marido no nosso meio profissional. Nós sabíamos que das reuniões de negócios participava a Valesca Popozuda, não a Valesca dos Santos, sua esposa e mãe do seu filho.

Houve momentos em que a situação ficava bem complicada. No funk, a maioria dos homens é machista e considera as mulheres que frequentam os bailes como objetos sexuais, totalmente descartáveis. E a Gaiola das Popozudas era a representação máxima dessa concepção masculina. Então, sofri todo tipo de investida que se possa imaginar, a ponto de ouvir um babaca fazer ao meu marido uma proposta para um programa comigo depois do show. Quando a proposta era feita diretamente a mim, eu nem perdia tempo me estressando. Só dizia assim: "Pardal, resolve com esse babaca".

E saía da sala.

Uma vez eu estava em um camarim improvisado e precisei fazer um babyliss no cabelo. Só tinha espelho na sala do diretor do clube, então peguei o meu nécessaire e fui sozinha até lá. Estava me arrumando, só de lingerie, sabe aquele momento em que você se descontrai e fica cantarolando? Pois aí a porta se abriu e eu me assustei. Era o contratante, o cara que tinha alugado o clube para fazer o show. Ele entrou na sala e começou a falar que a apresentação seria um sucesso. Pedi licença, disse que ele precisava sair para eu continuar a me arrumar. A partir daí ele começou a falar um monte de sacanagem. Eu falei, bem áspera: "Com licença, por favor!", e continuei a fazer o meu cabelo.

Daí o senhor muito escroto, que já tinha pra lá dos seus 60 anos, se atreveu a colocar o pênis pra fora da calça e me pedir para pegar no seu instrumento (de pequeno porte, por sinal). A fúria me invadiu, e rodei a baiana. Não perdi

SOU DESSAS

mais tempo. Respirei bem fundo, sorri, olhei bem nos olhos dele e sensualmente me aproximei do canalha. Sussurrando, perguntei: "Você quer que eu pegue?" E o babão respondeu: "Adoraria!" Ah, pra quê? Encostei o babyliss quentíssimo no pau dele. O idiota começou a gritar "Você me queimou! Você me queimou!"

Ainda ouço o berro do garanhão e logo em seguida os pedidos de desculpas, com medo de que eu o acusasse de tentativa de estupro. De uma coisa eu sei: deve ter sido a foda mais quente e marcante que ele já deu na vida. Para ele, sou uma mulher inesquecível.

Tudo o que fiz, na Gaiola das Popozudas, para alcançar a fama e o sucesso ficou dentro de estratégias que Pardal e eu criamos. Sempre foi um desafio fazer o funk ficar conhecido em todo o Brasil. Teve uma vez, por exemplo, que soubemos que o então presidente Lula e o governador do Rio, Sérgio Cabral, estariam no Complexo do Alemão. Enxergamos aquele acontecimento como uma oportunidade de fazer o funk ser notado e ganhar uma mídia ampla. Nós nunca nos limitávamos ao processo de ficar tocando a nossa música nas rádios, nos bailes e nos shows. Tínhamos a certeza de que algo bem maior poderia acontecer. Queríamos alcançar um número maior de pessoas. O nosso sonho era que a minha música fosse conhecida em todo o país.

Naquela época, o presidente Lula era a figura política mais carismática do Brasil, e o governador Sérgio Cabral também era um querido da população do Rio de Janeiro. E nós vimos ali uma grande chance de tornar o funk mais conhecido de forma positiva.

Eu morava em Irajá, mas sempre frequentei o Complexo. Tinha muitas amigas lá, e foi através de uma dessas amigas que consegui me infiltrar na comunidade no dia anterior ao evento, me fazendo passar por moradora para ter livre acesso. Ficámos na casa dessa amiga e acordamos muito cedo para cuidar da produção. Eu me produzi toda e fiquei extremamente ansiosa.

Parecia que eu sabia que estaria dando um passo que mudaria minha vida, mas quem é morador de comunidade sabe que invadir o palco de uma solenidade onde está o presidente da República não é brincadeira. Eu poderia ser confundida com uma criminosa e ser presa por tentativa de assassinato ou coisa assim.

VALESCA

Neuroses à parte, fiquei dentro da casa da minha amiga, que era bem perto do palco. Assim que o presidente e o governador subiram, eu entrei e fiz aquela performance, deixei todos sem ação e me declarei para os dois, que me deram a maior atenção.

Eu só pensava que tinha que permanecer no palco ao lado deles, falando de mim. E foi assim que tudo aconteceu. O presidente babou quando me viu e o governador não sabia para onde olhar, mas ambos me trataram superbem. Eu tive o meu momento de fama, que resultou em uma mídia espetacular e, consequentemente, em um convite para fazer a capa da Playboy.

Depois disso, fui procurada por programas de TV, rádios e jornais e acabei criando o "Funk do Lula", que na época gerou o maior rebuliço.

Quem viu a minha Playboy se chocou ao ver a foto do ex-presidente, mas posso afirmar que muita gente gostou daquela homenagem. Hahahahaha

Por sinal, quando posei nua, em 2009, disseram que ter a comunidade como cenário era apelativo, que eu queria aparecer. Tudo que eu queria era levar essa imagem para o mundo. Sinceramente, acho que as fotos ficaram lindas e até hoje tenho orgulho de ter aparecido dessa forma.

Na minha história tem também o título de musa do carnaval.

Em 2009 resolvi que queria participar mais do carnaval. Sou apaixonada pelo samba, então me tornei uma das primeiras funkeiras a ser rainha de bateria no carnaval, saí a frente da bateria da escola de samba Porto da Pedra e em 2010 comecei a fazer o eixo RJ x SP. Era incrível essa mistura, eu me sentia completa na avenida e sair no coração da escola me dava uma emoção muito grande.

Outro grande momento foi a música "Beijinho no ombro", em 2013, que fez a minha carreira solo deslanchar. O clipe, que tem um tigre lindo, foi o mais assistido e comentado do momento. Tudo parecia estar numa velocidade estelar... Foram tantas entrevistas e shows que o Pardal teve que contratar mais gente e estruturar um megaescritório para dar conta da nossa agenda. Meu Deus! Depois desse momento, a minha carreira seguiu em direção ao estrelato. Foi aí que eu me tornei a diva nacional dos movimentos feministas e LGBT.

SOU DESSAS

É o que eu digo para você que me lê: a sua vida é uma só. Se você deseja alcançar algum objetivo, não perca tempo com dúvidas e complexos. Elimine tudo que atrapalha você e vá à luta. Faça o que for necessário, o possível e o impossível para atingir sua meta.

Seja arrojado! Não tenha medo de bolar um plano nem de fazer loucuras do bem para chegar lá. Eu tenho absoluta certeza de que, adotando essa atitude 100% positiva, sua vida vai mudar e as coisas vão começar a se mover na direção do seu objetivo. Quando menos esperar, lá estará você, vivendo a realidade que sempre sonhou.

Esteja preparado para cumprir todos os compromissos que o sucesso vai trazer. Eles não podem ser delegados para ninguém. Não pense em formas de escapar das responsabilidades. Isso só serve para atrapalhar o seu progresso.

parte 2

SE AME, SE ACEITE, SE CUIDE

1
SEXO NA ADOLESCÊNCIA E GRAVIDEZ PRECOCE

"**ÃE, TÔ GRÁVIDA!**" **ESSA FRASE SOA COMO** uma verdadeira bomba aos ouvidos da mãe de uma adolescente. Com certeza, até o dia anterior sua filha era tratada como a princesa da casa, a imagem da pureza e da virgindade.

Diante de uma notícia como essa, a maioria das mães perde o chão, surta e fica sem saber como vai contar para o pai. As mães se perguntam onde erraram e não sabem responder. Por sinal, é comum a gravidez na adolescência provocar uma crise entre o pai e a filha, que muitas vezes resulta na expulsão da jovem de casa e no início de uma vida de incertezas. Na maioria das vezes a menina busca abrigo na casa do rapaz de quem engravidou. Este,

por sua vez, fica sujeito à reação dos pais para poder levar a garota para sua casa. Na prática, este também é quase sempre um abrigo provisório.

Eu converso com mulheres de todas as idades, mas sempre dei uma atenção especial para as jovens de periferia e as que engravidaram na adolescência. Essas meninas, que até bem pouco tempo brincavam de boneca e que acabaram de descobrir sua própria sexualidade, têm a vida transformada por completo e para sempre, por descuido ou falta de informação. Costumo dizer que é como se elas tivessem saltado dos 13 aos 35 anos, porque a sociedade vai passar a cobrar dessas meninas atitudes de uma mulher bem mais vivida e cheia de responsabilidades.

Isso é impossível! Não podemos exigir de uma garota tantas respon-

VALESCA

sabilidades só porque ela começou a ter relações sexuais e engravidou. Essa garota vai ser responsável por outra criança. E como cuidar e educar se geralmente a jovem mãe ainda é cuidada e educada pela própria mãe?

Algumas meninas são tão imaturas que não sabem que o bebê que esperam foi gerado pelo esperma que saiu do pênis do namorado.

Como assim?!

Tenho a minha opinião: precisamos criar programas de conscientização das jovens para que haja maior conhecimento sobre saúde, sexualidade e prevenção. Com isso, pouco a pouco a incidência da gravidez indesejada vai diminuir.

Para completar o problema, os meninos que se tornam pais assumem menos compromissos com a vida dos filhos. Na maioria das vezes, o garoto mete o pé do namoro, abandonando a menina para se virar sozinha com a criança.

Não quero discutir aqui os motivos de eu ser contra o aborto, mas, em um mundo com tão poucas chances de prosperidade, acredito que chegará um momento em que a população será tão grande que as mulheres desamparadas poderão optar por interromper a gravidez indesejada. Não se tratará mais de uma questão legal ou religiosa; será necessário por causa do controle da natalidade e de condições de sobrevivência. Para mim, que não sou a favor do aborto, é terrível só de pensar.

Mas é claro que concordo com a opção do aborto no caso de estupro ou de gravidez de risco. Também acho válido que se mantenha aberta a discussão sobre o aborto ser um direito da mulher sobre o próprio corpo, uma opção. Não seria a minha opção, mas temos que progredir nesse sentido.

Sempre paro para conversar com as meninas e tento, com a minha vivência, passar algo de bom para elas. Sei que, apesar de tanta campanha nos meios de comunicação, não existe nenhuma que encare a realidade de frente. Todos os anos, milhares de jovens têm os sonhos interrompidos pela gravidez indesejada e começam a viver uma rotina de preparo para ter o filho, e isso as transforma em mulheres que têm medo do amanhã.

Quando a criança nasce, o que acontece com ela e com a mãe?

Bem, já está claro que a gravidez na adolescência não é legal. Mas como fazer com que as meninas tenham mais cuidado ao praticarem sexo?

SOU DESSAS

Tem que explicar! Tem que informar! Precisa deixar claro que a fertilidade é uma condição natural, e que na adolescência as meninas já estão prontas para a reprodução.

É por isso que precisamos agir antes, instruindo os nossos adolescentes nas salas de aula desde cedo, por volta dos 11 anos. A partir daí, fazer com que os jovens compreendam o amadurecimento do seu sistema reprodutor e a capacidade de as meninas engravidarem antes mesmo de terminar o ensino médio.

A informação precisa ser acompanhada por um projeto dos ministérios da educação e da saúde que preveja que os jovens conheçam os métodos preventivos e anticoncepcionais.

Não sou da área médica e não me atrevo a ditar regras, mas tenho sugestões e faço questão de comentar com você neste livro.

Os meninos também precisam ser envolvidos nesse processo educativo para saberem que, ao engravidar uma jovem, eles terão um compromisso com a criação da criança que vai nascer. Eles precisam ser apresentados aos métodos contraceptivos para que os seus sonhos e projetos não sejam interrompidos precocemente.

Eu sempre sonhei em ser mãe, mas, por causa da vida que levo, com tantos compromissos e shows, esperei bastante para ter o meu filho. O Pablo hoje tem 17 anos e não foi gerado em um momento de conforto financeiro, mas eu e o pai dele já éramos adultos e totalmente conscientes. Nós dois sabíamos que daríamos conta de criar o nosso bebê.

A mulher neste ponto tem que estar muito mais ligada, pois a natureza nos deu o maravilhoso dom de gerar a nossa cria, e somos obrigadas a cuidar dela até que se torne independente e autossuficiente. Aqui eu tenho que confessar... Nossa, como é prazeroso cuidar de um bebê que foi gerado dentro do nosso ventre, vê-lo abrir os olhos e fazer os primeiros sons. Saber que aquele ser está ali porque você o protege e vai dar a ele todo o seu amor e carinho é algo que não se traduz em palavras. A expressão maior do amor é saber que você é capaz de dar a sua vida pela dele.

Minhas queridas amigas adolescentes, a sensação é mesmo muito boa, mas é melhor ainda quando acontece na hora certa!

VALESCA

Daí você me pergunta: por que, afinal, nós somos capazes de ter filhos tão cedo?

Porque a natureza não nos criou para vivermos no modelo de sociedade que vivemos hoje, com tantas oportunidades de crescer socialmente, de realizar grandes sonhos e de conquistar metas. A natureza nos fez como animais e nos deu o dom de nascer, crescer, multiplicar e morrer. Assim é a vida na selva. Lá, nada mais importa. Quando uma fêmea chega à idade adulta, ela entra no cio (período fértil) e automaticamente é cortejada pelo macho. Daí acontece o sexo, que resulta na reprodução.

Definitivamente, esse modelo não faz parte das nossas intenções de vida.

Os seres humanos têm o raciocínio. Meninas: antes de iniciar uma relação (ouviu bem? ANTES!), você precisa combinar tudo com o seu parceiro. Precisa usar preservativo, que não só evita a gravidez indesejada como previne doenças sexualmente transmissíveis. Lá na frente, quando você decidir que é o momento certo de ter um filho, seja sozinha ou formando uma família, vai fazer isso com plena consciência.

Os meus fãs que têm relacionamentos homossexuais não correm o risco de enfrentar uma gravidez indesejada, mas também estão expostos às doenças transmitidas pelo sexo. Todos nós precisamos nos cuidar!

2
LIBERDADE SEXUAL

NÃO É PRECISO PENSAR MUITO para saber que nossa sociedade é extremamente machista. Quando eu falo em entrevistas ou nas redes sociais sobre liberdade sexual, logo aparecem os conservadores: "Mas você mostra a bunda." Ou então: "No Carnaval desfila pelada e quer respeito?"

A imagem que se tem de uma mulher falando sobre liberdade sexual é bem engraçada, né? Pensam assim: essa aí está disponível para o sexo.

Mas será que nós, mulheres, não podemos falar que gostamos de fazer sexo? Isso me intriga muito. Sempre cantei abertamente a liberdade sexual da mulher, e por causa disso fui chamada de tudo quanto é nome. Se isso me incomodou? Jamais! Era o que eu pensava e é como penso: um homem pode pegar duas ou três mulheres na noite, mas se uma mulher falar abertamente que quer dois ou três homens ela se torna a vadia da história.

Temos desejo e interesse sexual assim como os homens, e essa é a minha bandeira. Quando digo que burra é a mulher que se deixa oprimir por uma sociedade machista, estou querendo acordar as mulheres para que se libertem de um cinto de castidade que nos aprisionou durante séculos.

Quer ver um tabu que eu sempre combati? A masturbação! Por que é que o homem pode falar orgulhosamente que se masturba – que "descabela o palhaço"– e nós, mulheres, não podemos? A expressão "tocar uma siririca" está entre as mais escabrosas do mundo. Quanta pedrada já levei na vida e na carreira por pensar as-

VALESCA

sim. Já vi jornalistas homens constrangidos por me ouvirem falar abertamente sobre o assunto.

Uma vez recebi um repórter para um bate-papo depois de dois dias de viagens e uma noite inteira de show. Eu estava ali, entregue à entrevista, quando nós entramos no assunto SEXO. Pelo que pude perceber, ele esperava que eu fosse apenas falar o básico. Quando comecei a descrever o que eu gostava na cama, as minhas posições prediletas e revelar que muitas vezes fingi o orgasmo e saí totalmente insatisfeita no sexo, ele desligou o gravador e disse: "Acho que a minha chefe vai cortar essa parte." Quis saber o porquê e ouvi que a conversa estava pesada. Nessa hora respondi que a entrevista estava encerrada, porque, se eu não podia falar livremente sobre esse assunto, não tinha nada mais para acrescentar ao nosso papo. Notem que o argumento dele era o receio de "a chefe" censurar a entrevista, e não "o chefe". Isso me causou a maior indignação! Uma mulher retrógrada e machista dirigia a revista em que o rapaz trabalhava.

É complicado levantar uma bandeira sobre um assunto que é tão simples e tão normal para os homens, mas as mulheres ainda criam barreiras e se autodifamam. Por conta disso, aquelas que resolvem se libertar das grades dessa sociedade opressora e machista levam a má fama apenas por expressar sua opinião.

Desde pequenas somos ensinadas a reprimir nossos desejos, aprendemos que "menina não fala essas coisas". É por isso que acredito que algumas mulheres não são bem-resolvidas no sexo e preferem fingir orgasmo a confessar ao parceiro que não conseguiram se satisfazer.

Precisamos primeiro aprender a agradar a nós mesmas, mas não vou sair por aí apontando e dizendo: "Você precisa dizer ao seu parceiro que não gozou"; ou "Ele precisa ouvir você falar que gosta de receber sexo oral e não só de fazer." Você precisa, urgentemente, aprender a conversar sobre os seus desejos.

Polêmica, eu? Que nada. Sou apenas realista. Um assunto velho como o do sexo ainda é tratado de forma tão fechada e hipócrita.

O que me incomoda com tantos avanços tecnológicos é não ver grupos de debates sobre isso, não ver a TV falando sobre o assunto.

Quantas meninas têm vídeos ou fotos íntimas vazadas na internet e são massacradas, enquanto as fotos dos meninos são esquecidas rapidamente?

Por falta de informação, muitas meninas se matam pela pressão que sofrem da sociedade e pela culpa por terem registrado uma coisa íntima e pessoal. Parece que ninguém nunca fez sexo, né? Elas deixam de ser vítimas e passam a ser culpadas pela nossa falta de liberdade sexual. A culpa é da mãe delas? Não! A culpa é dessa sociedade machista em que nós vivemos.

Quem já ouviu minhas músicas da época da Gaiola das Popozudas sabe muito bem do que eu estou falando. E se por acaso você discorda de mim, não tem problema. Só pense assim: posso não querer falar de sexo, mas fazer é tão gostoso que isso eu não posso negar.

Se você, mulher, ainda não teve um orgasmo, não tenha medo de ajudar seu parceiro a descobrir seu ponto G. Faça um mapinha para ele! Ajude o cara a chegar à sua linha de prazer. Tenho certeza de que você vai me agradecer muito depois disso. Quando falamos abertamente sobre sexo, não devemos deixar que pensem que somos sujas ou piranhas. Nós também temos o direito de expressar o que gostamos e o que não gostamos.

Você se acha sexy? Então, mostre, sim, o seu corpo. Não se acha tudo isso? Não tenha medo! Um decote, um olhar ou até mesmo palavras mais picantes não vão fazer de você uma cachorra. Dê um basta à censura em cima de nós, mulheres. Dê um cala-boca nos machistas de plantão.

3

ORIENTAÇÃO SEXUAL E IDENTIDADE DE GÊNERO

QUANDO EU ERA MAIS NOVA, e põe mais nova nisso, eu achava lindo ver na TV a Roberta Close. Sempre a admirei como mulher. Eu ficava encantada vendo tamanha beleza nas revistas, nos programas de TV e nos jornais. Até que um dia me falaram que ela nasceu homem, e rapidamente pensei: "Ela não nasceu homem. Ela nasceu no corpo errado."

Minha mãe sempre me ensinou a ter respeito por todas as pessoas, independentemente do sexo ou da cor. O mais importante era ter respeito!

Quando eu era adolescente, tinha uma amiga que gostava de usar roupas de menino, e isso para mim era muito normal. Eu percebia que as meninas do bairro eram orientadas a não andar com ela, pois diziam que ela seria má influência para todas nós. Aquilo me machucava muito, me consumia por dentro. Eu tentava mostrar para as minhas amigas que o fato de ela ter feito a opção de se vestir diferente não tinha nada de mais.

Graças a Deus, nunca recebi nenhum tipo de conselho preconceituoso da minha mãe. E acredito que hoje em dia eu passe a mesma ideia para o meu filho. Só peço a ele que tenha respeito por qualquer pessoa, enxergando por igual o ser humano.

VALESCA

Bom... O tempo passou, o destino me levou a morar em outro lugar e perdi totalmente o contato com essa minha amiga. Certa vez, acabei indo fazer um show em Minas Gerais e um dos contratantes disse que tinha uma amiga delegada que era minha fã e que dizia que me conhecia. Quando fui para o camarim receber os fãs, adivinha quem era a tal conhecida? Foi um encontro desses de chorar e de lavar a alma. Nós duas tínhamos conseguido vencer os preconceitos que as pessoas tinham conosco. Ela me contou que sempre percebeu a indiferença das outras meninas e que a minha amizade lhe dava forças. Fiquei feliz por saber que ela estava realizada, feliz e casada com uma mulher muito bonita. Uma grande vitória, né?

Luto pela causa LGBT e dou a cara a tapa quando vejo qualquer tipo de discriminação sexual. Quem somos nós para julgar qualquer pessoa? Por que motivo eu seria capaz de apontar o que está certo ou errado?

O que me deixa triste é saber que muitas vezes o ódio vem de dentro da nossa própria casa. Em 2010, recebi a carta de um jovem dizendo que estava muito triste e que ia se matar. Seus pais não o aceitavam por ser gay. A carta tinha o telefone dele. Fiquei tensa demais, porque ele era do Maranhão e a correspondência tinha levado dias para chegar até mim. Tive muito medo do que poderia ter acontecido.

Quando liguei e procurei falar com ele, infelizmente já era tarde demais. O menino de 17 anos tinha se suicidado dois dias antes. Passei uma semana triste, chorando. Lembro que eu abraçava meu filho e dizia que isso nunca aconteceria na minha casa, que eu jamais deixaria de apoiá-lo em qualquer momento ou decisão da sua vida.

Em 2013 recebi um e-mail de um rapaz com uma história parecida. Novamente a apreensão apertou o meu peito e não perdi tempo: liguei e, enquanto o telefone chamava, eu rezava e pedia a Deus que as coisas fossem diferentes daquela vez. Quando atenderam e tive certeza de que era ele, chorei de emoção.

Talvez ele nem tenha entendido o motivo do meu choro, mas naquelas duas poucas horas em que ficamos ao telefone eu consegui fazê-lo perceber que ele não era pior do que ninguém. Embora não tivesse o apoio da família, ele tinha o apoio de muita gente que o amava. Graças a Deus a história desse garoto teve um desfecho feliz. Por causa da nossa conversa, a mãe passou a acompanhá-lo de perto. Eu ligava toda semana para saber como ele estava e acabei criando um laço de amizade com uma pessoa que hoje em dia mora com o namorado e a mãe.

Muitas pessoas têm a sorte de ter uma família aberta ao diálogo, o que é maravilhoso. Imagino como deve ser difícil para alguém que fez uma cirurgia de mudança de sexo. Essa pessoa precisa primeiramente abrir as barreiras de sua própria vida para depois enfrentar a família e toda a sociedade. Até mesmo políticos e líderes religiosos usam os palanques e púlpitos para disseminar o ódio a essas pessoas, que ainda são tratadas com indiferença, como se fossem aberrações.

Gente, parem com essa mania de querer dizer o que cada pessoa pode fazer da vida. Vamos seguir o ditado "cada macaco no seu galho", tudo bem?

Fazer uma lei que enquadre a homofobia como crime ninguém quer, né? Mas decretar que um gay não pode adotar uma criança tudo bem? Deixar a criança em um orfanato e sem perspectiva também pode? Um gay adotar? Jamais! Segundo dizem, um casal gay não é um bom exemplo para uma criança, mas 99% dos gays que eu conheço foram criados por casais hétero. Então, deu "errado"? Por quê?

Quando tentam me ofender, sempre dizem: "Você parece um travesti." Oi? Onde está a ofensa, que eu ainda não entendi? Se estiver no fato de eu parecer travesti, quem pensa assim está totalmente enganado, só que infelizmente é assim que muita gente vê as coisas hoje em dia.

O ideal mesmo seria que cada um fosse educado como eu fui, que cada um aprendesse que o ser humano tem valor e que todos nós temos o dever de respeitar qualquer pessoa, e principalmente conviver, não julgar!

Vamos espalhar o amor. Vamos acreditar nas pessoas e passar a ver que não importa se Maria nasceu João ou se João nasceu Maria. Vamos quebrar esse preconceito e lutar pela igualdade!

Deixe que cada um siga seu próprio caminho. Vamos acolher em vez de afastar.

Eu, Valesca, aprendi que não sou melhor do que ninguém, mas enquanto eu tiver voz, enquanto eu puder, vou lutar para que a sociedade seja menos preconceituosa e que esse tipo de julgamento tenha fim.

VALESCA

Quero muito, daqui a alguns anos, saber que a lei contra a homofobia foi feita, ver que as igrejas estão acolhendo e recebendo essas pessoas sem se importar com o gênero. Os nossos governantes precisam deixar para trás o medo de perder eleitores e assumir uma postura justa e verdadeira com esse tipo de tema, que é tão evitado. Quero ver casais gays na TV, quero ver casais gays adotando filhos, quero ver adolescentes me escrevendo apenas para relatar uma história linda de amor e dizendo que suas famílias os amam como são e que isso é a coisa mais importante que eles conseguem transmitir: o amor, o respeito e a liberdade de ser quem são.

Quando vejo manchetes sobre transgêneros, o título sempre é "Transex fulana de tal sai com amigos". Qual o motivo disso? Por que a mídia não pode apenas dizer "Fulana de tal sai com amigos"? São coisas assim que me fazem abraçar a causa LGBT.

Como já disse neste livro, eu adoraria que a sociedade visse uma travesti como ela, não ele. Sempre tive um respeito enorme pela Roberta Close, e tenho o mesmo respeito por diversos transexuais que conheço. Deixe de lado o seu orgulho, deixe de lado o que você aprendeu de certo e errado na igreja e aja com o seu coração.

Portanto, tenha uma mente mais aberta e passe a entender que eles podem, sim, ser elas e que elas podem, sim, ser eles. Entenda de uma vez por todas que o mais importante é o respeito e o amor por todas as pessoas.

Se você é mãe ou pai, procure educar seu filho corretamente. Ensine que o caráter não se constrói com base na sexualidade de ninguém. Oriente seu filho a amar os outros e tenho certeza de que vamos ter seres humanos melhores e um mundo mais feliz.

4

A MÍDIA E A SEXUALIDADE

ESSA QUESTÃO É ÓTIMA PARA sentar e debater até dizer chega. É tudo muito complicado para enxergar e até mesmo falar.

Quantas vezes você mesmo disse "Esse programa é uma péssima influência para as crianças"? Eu sempre entendi que aprendemos primeiro em casa o certo e o errado e depois somos orientados na escola da vida sobre o que podemos ou não fazer!

A internet está aí, a TV também. As novelas estão o tempo todo falando de sexo, não da forma que eu gostaria que fosse falado, infelizmente. Esses dias, assistindo a uma novela adolescente da tarde, vi um casal indo para a cama. Achei muito bacana o diálogo dos personagens, que conversaram sobre o uso da camisinha e a importância de um sexo seguro.

O problema é que com certeza milhares de pessoas mudaram de canal nessa hora, com medo do que seus filhos poderiam pensar. Pergunto: essas pessoas conversam abertamente sobre sexo com seus filhos, sobrinhos ou netos? Qual é o problema de falar sobre sexo com um adolescente? É por isso que existem tantas adolescentes que engravidam precocemente. Já discutimos aqui o problema da falta de informação, né?

A censura está aí. Por que não se pode debater a idade certa para uma menina aprender sobre uso do anticoncepcional ou um menino aprender a importância de usar camisinha?

VALESCA

Por que mostrar uma briga é aceitável e mostrar um casal de jovens dizendo que vai transar é falta de vergonha?

Eu saí de casa aos 14 anos para morar com um namorado. Eu não saí para transar, não saí para ter uma vida sexual ativa. Saí de casa para ter liberdade e buscar coisas que eu acreditava serem o certo naquele momento. Deixei a casa da minha mãe com a convicção de que precisava usar camisinha na primeira transa. Com aquela idade eu já sabia como se pegava uma *DST* e conhecia muito bem as consequências do sexo sem proteção. Isso eu não aprendi lendo jornal, ou vendo filmes. O fato é que eu tive uma orientação muito boa da minha mãe, que me disse o que era certo e o que era errado.

Sigla de Doenças Sexualmente Transmissíveis.

A mídia tem um papel importante quando falamos de temas como a diversidade sexual e o abuso contra crianças e adolescentes. Muitos pais têm medo de tocar no assunto em casa e acabam deixando isso para a TV ensinar. Eles sabem, também, que é muito mais cômodo deixar a criança ou o adolescente ter acesso a essa informação na televisão ou na internet do que puxar o assunto na mesa do jantar.

Mas não pense você que a mídia é tão aberta a esse respeito. Eu mesma já fui muito censurada. Uma vez participei de um programa de TV e o diretor foi pessoalmente no meu camarim. Eu achei a atitude gentil, até descobrir que ele estava lá para me pedir cuidado ao falar de sexo. Afinal, o programa era visto por adolescentes e as famílias poderiam não gostar.

Quando eu era garota, não tinha condições de comprar aquelas revistas que toda menina gostava de ler, que sempre têm umas chamadas na capa: "Sexo: qual o melhor momento para fazer." Eu ria quando minhas amigas contavam que as mães não sabiam que elas tinham lido sobre o tema. Era como se nós estivéssemos fazendo uma coisa proibida, mas o que me fazia rir era saber que eu já tinha conversado com a minha mãe e estava por dentro de tudo. O que era tabu para elas era normal para mim.

Quando recebo uma mensagem de alguma menina ou de algum menino me contando que perdeu a virgindade, a primeira coisa que pergunto é: "Já conversou sobre isso com sua mãe ou seu pai?" A resposta sempre é negativa e acompanhada de "Eles nunca vão entender!". Eu fico chocada.

Como assim? Por que uma mãe não pode entender que a filha tem uma vida sexual e que está aprendendo isso na rua, com as amigas e principalmente que está aprendendo errado?

Eu já reparei que a mídia aborda muito a questão do sexo. Não importa o meio de comunicação: seja a TV, as revistas... Vejo isso até nas propagandas. Os panfletos de roupa íntima dão o recado de que sexo vende. Já reparou?

Faça o teste: poste na sua rede social a foto de um casal passeando com um cachorro, e logo em seguida poste a foto de um casal em uma pose bem sensual. Aguarde alguns minutos e veja qual post teve mais curtidas.

Os jovens de hoje começam a fumar e beber muito mais cedo do que antigamente. O acesso a essas coisas é livre. Muitos seriados têm aquela galera mais descolada passando a imagem de que você precisa seguir um padrão, senão você não pode fazer parte da turma.

Qual é o maior medo dos pais hoje em dia? De sua filha de 15 anos dizer que não é mais virgem ou de ela perguntar aos pais qual é o melhor momento para fazer sexo?

A mídia não é a babá dos nossos filhos. A mídia não tem a obrigação de ensinar nada. Faça como eu faço aqui em casa: converse abertamente sobre qualquer assunto. Quando seu filho estiver ao seu lado assistindo a uma propaganda de perfume na qual uma mulher seduz dez caras ou um programa em que um casal vai para a cama, continue a assistir normalmente, sem ficar constrangido com nada.

Sinto vergonha quando vejo os amigos do meu filho chegando aqui em casa e falando que não têm liberdade para tocar no assunto em casa porque os pais não gostam. Na pior das hipóteses, pego os meninos falando coisas absurdas e sem fundamento: "Na hora do sexo é só gozar fora que a mulher não engravida." Gente, socorro! Sexo sem camisinha não!!!

Nos Estados Unidos existem bons programas sobre esse tema. Aqui no Brasil também já houve. Uma pena que passavam de madrugada e foram tirados do ar. A MTV tinha programas assim, a Rede TV também, com a Monique Evans. Hoje, a programação que ousa falar sobre sexo tem um tempo mínimo. É o caso do Altas Horas, que tem um quadro com a sexóloga Laura Muller voltado para os adolescentes. Sou muito a favor de que o tema seja levado para a TV, para as revistas, para qualquer tipo de meio de comunicação, desde que os pais assistam ao lado dos filhos! E parem com esse medo bobo de comentar!

Não posso deixar de puxar a orelha dos adolescentes que não buscam essa abertura dentro de casa e preferem procurar na internet ou falar com os amigos que não têm nenhuma experiência de vida. A maioria dos jovens acha que tudo que eles assistem na TV está certo e que vai acontecer tudo igual na vida deles. Não, gente. Não pensem assim. Dessa forma você vai tapar o sol com a peneira e enxergar de forma equivocada.

É muito melhor se abrir e conversar em casa, buscar tocar no assunto, questionar quando assistir a qualquer cena ou ouvir qualquer assunto sobre sexo. Ainda que a resposta seja "você ainda é muito novo para aprender sobre isso", tente mostrar que aprender não significa fazer. A mídia nos aproxima de muitas coisas, desde o álcool até as drogas mais pesadas, desde o sexo até a traição, então não tenha medo de perguntar à sua mãe o porquê daquilo, não sinta vergonha de sentar com o seu pai e procurar saber quais são as experiências positivas e negativas dele.

Use a mídia apenas para abrir caminhos em assuntos ainda proibidos entre vocês. Use-a a favor de vocês. Em casa, fale abertamente sobre qualquer coisa que o incomode. Se estiver ruim, troque de canal, assista a outro programa, leia outra revista ou se informe melhor sobre aquele comercial, mas não se faça de cego, não finja que o assunto ou o tema não está ali.

Drogas e sexo são tabus que devem ser quebrados urgentemente dentro das famílias. O quanto antes isso acontecer, mais cedo os pais e filhos vão ter relacionamentos mais abertos, sinceros e verdadeiros.

5
A SEXUALIDADE E AS LETRAS DO FUNK

NAS SOCIEDADES PRIMITIVAS, a dança era uma preparação para o ato sexual.

E é assim até hoje, né?

Nessa parte eu me divirto. Hahaha!

Quem aqui, gente, seja sincero, nunca falou ou pensou que o funk é apelação sexual pura? Eu DUVIDO que você nunca tenha pensado assim.

Quem não ouve esse tipo de música ou nunca foi a um baile funk tem aquela imagem de que todo mundo que vai lá ou está à procura de sexo ou está totalmente livre para isso. O julgamento é bem forte. Existe, sim, uma ligação entre o funk e o erotismo, mas calma: qual ritmo musical não tem isso? Não me venha dizer que é só no funk que isso é explícito. A verdade é que o funk é muito mais fácil de ser criticado do que, por exemplo, um trecho de outra música composta e interpretada pelo Djavan.

As pessoas se incomodam mesmo quando eu canto:

Amor...
Tá difícil de controlar
Há mais de uma semana
Que eu tento me segurar
Eu sei que você é casado
Como é que eu vou
te explicar
Essa vontade louca
Muito louca
Eu posso falar?

Quero te dá
Quero te dá
Quero te dá

Quero quero quero...

VALESCA

Isso não pode porque é funk? Ou porque a letra é mais direta? São essas dúvidas que me assombram no dia a dia.

Logo que comecei a cantar, eu sabia que seria julgada por isso. Eu tinha essa noção e, de fato, ouvi absurdos do tipo "Você tem um filho. Não tem medo de ele crescer e ter vergonha disso?" Vergonha de quê? Sempre respondi a verdade: meu filho tem orgulho do meu trabalho. Ele não tem problema algum com o estilo musical que eu canto, principalmente o conteúdo de minhas letras. Trago o almoço e a janta dele todos os dias, e dou a ele uma condição de vida que não tive na idade dele. Aliás, é bom lembrar que o que eu canto não é necessariamente o que eu vivo no meu dia a dia.

As pessoas precisam entender que não é porque alguém canta o amor que vive aquilo sempre. Se você canta sobre uma desilusão amorosa, não é necessariamente aquela vida que você tem levado. O funk é muito aberto para falar sobre qualquer tipo de assunto, e o sexo dentro dele é muito mais divertido do que cantar uma letra triste com um batidão de fundo!

Logo no início da Gaiola das Popozudas, quando eu ia aos programas de TV, recebia a orientação de que não poderia cantar nada que falasse abertamente sobre sexo ou que tivesse qualquer palavra proibida. Lógico que eu sempre acatei essa orientação, mas me sentia censurada. Sério... Eu ficava pensando nas novelas, que sempre soltam um "piranha" ou "vadia". Já ouvi muito também nos filmes as palavras "puta" e "cachorra", mas na música nos programas de TV isso nunca foi permitido.

O funk é marginalizado, é considerado má influência. Qualquer coisa que se cante nele vai ser sempre ouvida ou vista da forma mais negativa possível. Hoje em dia vivemos uma patrulha maior em relação a isso, porque a internet é um meio muito rápido de levantar polêmicas.

Eu às vezes acredito que as pessoas gostam de ouvir aquilo, mas nas redes sociais precisam se mostrar dentro do padrão criado pela mídia como certo. Isso me incomoda profundamente! Não estou afirmando que o funk só pode ter letras com conteúdo sexual. Aliás, sou supercontra uma criança ouvir esse tipo de música, da mesma forma que sou contra uma criança ter acesso a qual-

SOU DESSAS

quer tipo de música com duplo sentido. Ouço tantas músicas em que o duplo sentido já não é nem mais disfarçado... Não existe a preocupação de pensar na mensagem que pode estar sendo passada para as crianças. O que estou dizendo é que o funk é generalizado como se sempre tivesse letras vulgares e sempre com caráter sexual, o que não é verdade.

A música pode levar uma mensagem positiva ou negativa. Isso vai depender de quem estiver ouvindo. Nos anos 1990 aconteceu um caso interessante. No programa *Xou da Xuxa*, um grupo que estava estourado na época fez uma apresentação digna do pop de hoje em dia. O figurino era superlegal, as dançarinas arrasaram e a cantora era muito simpática. A plateia estava animada, e eu acredito que em casa deveria haver muitos pais e crianças dançando. O engraçado é que a música do grupo Gilete dizia: "SHORT DICK MAN." Ainda não entendeu? Vou traduzir pra você: "Homem de pênis pequeno."

Gente, tem noção de que na época ninguém (ou quase ninguém) sabia o que a letra dizia? Todo mundo cantava e dançava sem se preocupar com nada. Claro que a cantora estava sendo sincera quanto às suas preferências, né? Hahaha. Eu também não gosto, mas, enfim, esse não é o X da questão. Pense bem: e se fosse eu cantando isso naquela época? JAMAIS deixariam que eu me apresentasse em programa algum. Eu seria barrada em todas as emissoras!

É por isso que eu sempre digo: a maldade está em nós. As letras estão aí. No funk falamos abertamente sobre a vida sexual da mulher e sobre a relação mulher versus dinheiro. Eu tenho uma letra de que gosto bastante, que defende a ideia de que prostituta é uma profissão, sim:

> Na cama faço de tudo
> Sou eu que te dou prazer
> Sou profissional do sexo
> E vou te mostrar por quê
>
> Minha b*c#t@ é o poder
> Minha b*c#t@ é o poder

VALESCA

Nas letras dos funks nós muitas vezes falamos de assuntos proibidos, tocamos fundo na ferida da sociedade. Por que eu não posso cantar a vida ou o trabalho de uma profissional do sexo? Ela não ganha para isso? Ela não usa isso a seu favor? Qual o problema? A costureira utiliza as mãos, o locutor, a boca. A prostituta utiliza o sexo para trabalhar.

O funk está aí para quebrar preconceitos e levar a verdade da sociedade para quem quiser ouvir.

parte 3

SEJA QUEM VOCÊ QUER SER

1

AMOR-PRÓPRIO

QUANDO FALO QUE PRECISAMOS TER amor-próprio não estou dizendo apenas para você se achar bonita ou bonito. Ter amor-próprio nada mais é do que se colocar em primeiro lugar sempre. Isso é tão importante para que tudo na sua vida dê certo. Comece a se colocar em primeiro lugar dentro de casa, no trabalho, nas rodas de amigos e principalmente na sua própria vida. Veja que mudança maravilhosa você vai fazer consigo mesmo. Eu faço isso há uns sete anos, e essa postura me ajudou a ser quem eu sou hoje. Posso garantir com todas as letras que dá certo.

Antigamente eu vivia muito para os outros, pensava pouco em mim e me abatia por qualquer motivo. Hoje penso sempre que preciso me cuidar e estar bem comigo mesma para depois cuidar das pessoas que merecem minha atenção e conseguir dar o melhor a elas. Sim, isso também é importante: não são todas as pessoas que merecem o melhor que você tem a oferecer; não se engane com ninguém. Eu adoro esta frase, tirada de uma música do Caetano Veloso:

Cada um sabe a dor e a delícia de ser o que é...

Isso é libertador. Só você pode se conhecer por completo e saber até onde pode ir. Só você conhece os seus próprios limites. E principalmente só você sabe o máximo que pode se doar.

Eu costumava fazer tudo por um certo amigo meu. Nós trabalhávamos em um posto de gasolina e eu cobria suas faltas, trabalhava nos dias de escala dele, emprestava dinheiro, enfim, fazia o que podia para ajudar essa pessoa. Um dia precisei dele e dei com a cara na porta. Ali eu percebi que me doei demais para uma pessoa que se doava de menos para mim. Tudo que eu pedia ele simplesmente não podia ou não queria fazer.

Ter amor-próprio é aprender a dizer não para as pessoas e sim para você mesma. Dizer não pode muitas vezes ser difícil e doloroso, mas faz de você uma pessoa forte e fiel a si mesma, faz com que crie laços sinceros com pessoas que, através de um não, revelam se são realmente suas amigas.

Ter amor-próprio não é ser egoísta ou sair pisando nos outros. Não é isso. Seja sempre positivo, evite remoer um passado ruim ou lembrar de coisas que te machucaram ou fizeram mal. Encare os problemas como algo positivo para novas experiências e procure tirar deles exemplos a serem seguidos para não cometer os mesmos erros. Pense que você precisa estar aberto para não guardar mágoa ou rancor das pessoas e que elas apenas enxerguem de você o seu melhor. Tenha seu controle emocional sempre nas suas próprias mãos. Isso faz de você mais forte e fiel ao que se propõe a ser.

Quando não temos amor-próprio, o nosso amor começa a ser baseado no medo, e isso é ruim para a nossa vida. Começamos a nos ver cheios de defeitos, temos receio do que os outros vão pensar de nossas atitudes e dessa forma damos abertura para que também nos vejam dessa maneira. Ninguém quer ser visto como uma pessoa que tem a autoestima prejudicada, uma pessoa mal--humorada ou mal-amada. Mostre sempre o quanto você se ama e que se coloca acima de tudo e de todos. Não ache que estará sendo egoísta ou prepotente. Você estará sendo verdadeiro consigo mesmo, simples assim.

Vou deixar aqui uma dica de que eu gosto bastante, e me disseram que quem falou isso foi o Bob Marley. Sempre que posso, dou uma lida para não esquecer:

Seja feliz do jeito que você é, não mude sua rotina pelo que os outros exigem de você, simplesmente viva de acordo com o seu modo de viver.

SOU DESSAS

Bonito, né? E muito fácil de seguir. Basta saber usar o "não" e o "sim" na hora certa e o "basta" quando estiver no seu limite. Seja dona de si mesmo sem perder sua essência, sem perder a humildade e sem deixar ninguém apagar seu brilho.

Eu já vivi uma fase em que não conseguia priorizar o amor-próprio como princípio básico de uma vida mais feliz. Eu permitia que pisassem em mim, permitia que me colocassem para baixo e me fizessem achar que eu não era capaz de nada. Um belo dia, dei um basta nisso e passei por cima de tudo e de todos. Quer saber? Estou bem melhor agora. Quando me lembro de como eu era antes, penso: "Valesca, nunca mais deixe que controlem você."

Ter amor-próprio é tão importante quanto ter a autoestima elevada. Você se sente único e sabe que a qualquer momento estará pronto para enfrentar qualquer situação. Isso dá a você uma segurança e a sensação de estar protegido de qualquer coisa que possa vir a abalá-lo.

Ser autoconfiante não faz de você uma pessoa má. Não confunda autoconfiança com grosseria. Não seja arrogante nem ache que ter amor-próprio é ser indelicado e prepotente com as pessoas. Ter amor-próprio é simplesmente saber olhar para si mesmo em qualquer situação. Afinal de contas, existe um conselho perfeito: se nós não nos amarmos primeiro, como poderemos amar os outros?

Muito já se comentou sobre algumas intervenções cirúrgicas que fiz ao longo da vida. Que mulher não tem o desejo de ficar mais bonita, atraente, de se sentir desejada? Nunca fui contra ou julguei quem fizesse plástica ou qualquer cirurgia para melhorar algo de que não gostasse, mas fui severamente criticada por ter assumido, lá atrás, ter colocado silicone nos seios, por exemplo. Algo tão normal nos dias de hoje, mas que, há dez anos, ainda era considerado tabu.

O ano de 2015 certamente foi um dos mais difíceis da minha vida. E acredito que será preciso muita coisa para superar essa marca. Algumas pessoas pensam que por eu ter uma vida pública, por ter assuntos pessoais expostos aos holofotes, deixo de ser uma mulher, com um coração, uma alma e muitos sentimentos. Demorei bastante para entender quando minha equipe falava: "Valesca, você é um produto, precisamos fazer determinadas ações de divulgação para seu trabalho funcionar e atingir cada vez mais o público, os fãs, a crítica." Eu achava e continuo achando isso muito estranho. Sou a Valesca dos Santos, que nos palcos, na TV e para os meus popofãs também é a Valesca Popozuda. Mas isso é apenas lá, sob os holofotes.

A minha vida, como a de qualquer pessoa, às vezes é muito dura. A ditadura da beleza, então, nem se fala. Quando você foge de determinados padrões considerados "normais" pela maioria – como vestir manequim 38, ser magra ao extremo para ficar impecável nas roupas feitas por estilistas que querem cabides em vez de pessoas –, é julgada, discriminada, colocada na parede. Foi assim que me senti ao ouvir que só ganharia algumas capas de revistas de moda se perdesse alguns quilos. Aquilo, ao chegar aos meus ouvidos, me entristeceu. Pensei: Eu sou mulher, tenho pernão, bumbum grande, minha estrutura é assim, um corpo típico de mulher brasileira. Como vou me adaptar para entrar num manequim 36 só para a sociedade me considerar como normal, fotografável, admirada pelos fashionistas? Fiquei vários dias com esse assunto martelando na cabeça, querendo acreditar que eu tinha razão em pensar daquela forma. Mas, como sou profissional, tento manter o máximo de disciplina possível no que diz respeito a minha carreira. Por isso entrei na sala de cirurgia e achei – só achei, infelizmente – que sairia de lá mais magra e feliz.

Com um pós-operatório inesquecivelmente doloroso, vi que de nada vale ter o corpo dos sonhos da maioria se esse sonho não é o seu. Que ao fazer qualquer trabalho de destaque, as pessoas vão escolher você por ser quem você é, e pelo que significa. Que se cuidar é importante, mas a saúde física e mental é muito mais importante do que os quilos a menos, barriga trincada com músculos aparente e o rosto fininho para sair "bem" nas fotos.

A lição que ficou foi: ouça sempre a sua intuição. O coração nunca falha. Não meça esforços para ter uma vida cheia de cor, feliz e plena, entretanto, não se deixe levar pelo que qualquer um diga, afinal, só se tem uma vida. Façamos dela a melhor possível.

2
RELACIONAMENTOS ABUSIVOS

MUITAS VEZES PRECISAMOS TOCAR NAS FERIDAS DAQUELES que nos cercam para poder passar essa experiência para as pessoas que vivem ou podem vir a viver relacionamentos abusivos. Cresci vendo minha mãe sofrer diariamente com isso e muitas vezes me perguntava por que ela aguentava aquilo tudo. Com o passar do tempo, percebi que ela simplesmente aguentava tudo para poder nos dar um teto e um prato de comida. Na época isso foi um soco no estômago para mim. Felizmente, ela deu um basta na relação e esse foi um momento muito importante.

Imagino quantas mulheres estão presas em relacionamentos assim simplesmente por falta de perspectiva ou de outro lugar para ir. Fico triste por ver as mulheres submetidas a vários tipos de abusos: agressão verbal, agressão física, abuso de autoridade, ciúme possessivo, manipulação.

Uma relação abusiva envolve um jogo de controle, violência e ciúme. O problema é que ninguém vem com um cartão na testa dizendo "Eu sou uma pessoa abusiva", mas, com o tempo, podemos notar alguns sinais. Preste atenção na minha dica: saia fora o mais rápido possível! As desculpas do agressor depois de agredir e perceber que vai perder a pessoa são sempre as mesmas: "EU PROMETO que vou mudar. ME PERDOE." Na grande maioria das vezes, eles jamais mudam e acabam voltando a cometer agressões. A coisa só piora.

Eu já fui vítima de um relacionamento assim. Foi com um namorado nos meus 17 anos. É doloroso lembrar de certas coisas, mas eu sei da importância de falar disso.

Convivi com ele por um ano e alguns meses. No início era uma pessoa maravilhosa, boa, tinha um papo agradável. Ele era muito atencioso. Como eu era novinha, acreditava que o ciúme era normal, que era um jeitinho fofo de mostrar que me amava. Nunca enxerguei problema nisso. Até que o ciúme foi aumentando e ele me proibiu de ter amigos homens. Eu me afastei de muitas amizades verdadeiras, pois queria evitar confusão e torcia para o meu namoro continuar em paz.

Ah, se eu tivesse a cabeça que tenho hoje... Teria feito tudo diferente, teria mudando o rumo de tudo aquilo. Logo após essa proibição veio a intervenção nas roupas que eu usava. O pior é que eu não tinha condições de comprar coisas novas e usava o que realmente tinha para usar. O cara queimou diversos shorts e blusas curtas meus. Eu sabia que era por ciúme, mas achava que não tinha nada de mais.

Então, um dia, encontrei um conhecido e nós ficamos conversando. Ele ia me indicar para um trabalho. Meu namorado chegou gritando na rua, na frente de todo mundo. Ele dizia que eu estava de conversa fiada e dando papo para outra pessoa. Fui embora morrendo de vergonha e, ao chegar em casa, ele começou a me xingar de tudo que era nome baixo. Naquele dia, diante daquela situação deprimente, comecei a abrir os olhos e percebi que estava entrando em um relacionamento muito complicado.

A gota d'água aconteceu em uma festa. Eu estava me divertindo muito e dançando bem próximo dele quando um rapaz se aproximou de mim e, sem que eu visse, pegou no meu cabelo. Pronto. Meu namorado foi dominado pela fúria e saiu me arrastando pelo braço na frente de todo mundo. Eu tentava me desvencilhar, mas ele, por ser bem mais forte, me arrastou até o canto e disse que eu estava me oferecendo para todo mundo. Nós discutimos e eu disse que não aguentava mais.

SOU DESSAS

Quando cheguei em casa e fui arrumar minhas coisas, ele gritava e batia na porta, dizendo que dali eu não sairia. Se eu insistisse na ideia, sairia dali morta. Fiquei gelada, acuada pela situação, que acabava de chegar a um ponto insuportável e incontrolável.

Percebi, então, que estava presa a uma pessoa totalmente sem controle. Eu temia pela minha vida e pela da minha mãe, que acompanhou tudo e também sofria com as ameaças dele. Então, pensei muito e tomei uma decisão: um dia esperei ele sair para trabalhar e fugi para a casa de uma conhecida. Fiquei por alguns dias, até que ele descobriu. Recebi muitas ameaças de morte e insultos, decidi que não voltaria mais, que não queria mais aquilo para a minha vida e que não deixaria mais aquelas agressões acontecerem.

É difícil passar por tudo isso e não sentir medo. Eu me sentia desprotegida e solitária, mas não teria passado por tudo aquilo se tivesse tomado uma atitude logo nas primeiras agressões e tivesse feito valer o meu amor-próprio.

Um dos projetos que tenho na cabeça é o de participar de uma campanha para a criação de uma casa acolhedora para mulheres e homens gays que enfrentam esse tipo de problema. Gostaria de acolher, de dar uma segurança e, quem sabe, uma nova esperança para essas pessoas. O abusador pode, claro, estar disposto a mudar e a procurar ajuda. Ele pode vir a fazer uma terapia de longo prazo e ir se tratando aos poucos. Se isso não acontecer, proteja-se e também aos seus filhos. Não fique com medo ou vergonha de procurar pessoas da sua família e confessar o problema.

O abusador dá sinais claros da sua personalidade desde o início. Ele geralmente é possessivo e busca ter controle sobre você. Ele tem ciúmes de todos, seja em casa, em família ou no seu círculo social. Não pague para ver. Pule fora enquanto é tempo, pois, se ele chegar na fase do comportamento agressivo, você pode correr risco de morte.

O problema só tende a piorar. Nunca deixe chegar a esse ponto. *Se você já estiver vivendo essa fase de tormenta, não se deixe intimidar: mesmo com medo, denuncie, não se cale, não tenha medo de suas marcas ficarem expostas. Para o abusador, até mesmo forçar você a fazer sexo é muito comum. Afinal,* ele acha que você pertence a ele. Quando alguém obriga outra pessoa a fazer sexo, está cometendo crime de estupro, e isso é muito, muito, muito grave.

Se você estiver vivendo em um relacionamento que envolve agressões desse tipo, o único conselho que eu posso oferecer é: saia fora! Abandone essa pessoa enquanto é tempo e busque toda a ajuda necessária. É bem melhor encerrar um problema no início do que deixá-lo tomar conta de você.

Lembre-se de que a vida sempre vai continuar e que as pessoas que amam você vão entender a sua situação e oferecer apoio. Conte para elas e com elas para que essa fase seja encarada de frente e você possa iniciar uma nova etapa em sua vida. Em um próximo relacionamento, você será mais seletiva e vai encontrar uma pessoa que a ame de verdade.

Hoje em dia temos leis que nos protegem. A Lei Maria da Penha é uma delas. Concordo que muitas vezes existem falhas na aplicação dessas leis, mas elas pelo menos são uma garantia de segurança. É um direito seu usá-las, uma precaução maior que você poderá tomar com a sua vida. Existem delegacias especializadas nesses assuntos, e temos maior poder de voz. Para isso é necessário que você vá a uma delegacia ou entre em contato com o disque-denúncia do seu estado.

Sofrer agressões e ficar calada, enfrentar o problema chorando e lamentando não é a coisa certa a se fazer. A pessoa agredida precisa tomar uma atitude, buscar ajuda, tentar se livrar do agressor o mais rápido que puder. Lembre-se de que sua vida e a de quem você ama estão em risco, e isso só você pode mudar.

Recebo muitas mensagens de pessoas que vivem relacionamentos assim e estão presas a pessoas abusivas, que os agridem com palavras (que muitas vezes machucam mais do que tapas). Fico espantada com o número de pessoas que suportam caladas, que se anulam. Essas pessoas não registram queixa porque têm pena do agressor ou têm medo de que a justiça não seja eficaz na solução do problema, que a lei não seja cumprida... Elas temem sofrer mais abusos e pagar um preço mais alto. O medo do julgamento de suas famílias e de seus amigos também é um fator que interfere na decisão de não denunciar.

Ninguém precisa julgar quem está passando por essa situação. O que os mais próximos devem fazer é dar o apoio necessário. É justamente isso que

SOU DESSAS

as pessoas procuram em mim: um apoio que dou incondicionalmente, com palavras e conselhos. Quantas vezes fui buscar a vítima para registrar queixa contra o agressor? Mas isso não vem ao caso agora. Tem coisas que não saímos contando. A mídia pode entender que estou querendo aparecer. Também não divulgo em respeito às pessoas que me procuram e que sentem confiança para se abrir comigo. O fato é que já fui muitas vezes à casa dessas vítimas e as ajudei a fazer as malas. Quantas vezes as tirei de casa? Quantas vezes liguei para o disque-denúncia e ajudei a fazer a queixa, já que o agredido sempre tem medo de ligar?

3
CANTADAS E OUTRAS GROSSERIAS COTIDIANAS

NÃO POSSO COMEÇAR ESTE ASSUNTO sem citar um artigo que escrevi em minha coluna no jornal *Extra*, do Rio de Janeiro, que foi bem comentado e curtido por muita gente:

Cantada, elogio ou grosseria?

Muitas vezes recebemos uma cantada ou outra na rua. Todo mundo já deve ter ouvido algo assim, não é mesmo? Seja um fiu-fiu discreto ou até mesmo um "ô lá em casa" bem escancarado. Certo? Pois é. E o que pensar sobre isso? Aceitamos como elogio ou entendemos como uma grosseria?

Os tempos mudaram e acredito que mudou também nossa forma de enxergar as coisas. Recentemente, uma pesquisa mostrou que 89% das mulheres não gostam de ouvir na rua um cara gritando "gostosa". Eu tenho minha opinião sobre isso. Muitas vezes gostamos, sim, de um elogio e outras nos ofendemos, também, da tal expressão. Seria mais elegante o homem chegar e nos falar "Oi, como você está bonita hoje". Isso eu entendo como um elogio. Agora, quando passamos em algum lugar e alguém grita "Delíciaaaaaa", aí, por favor, isso é muito desnecessário. Todo mundo olha. Às vezes, estamos numa rua lotada e todo mundo para pra ver quem é a "de-

lícia" da vez. É muito mais elegante ouvir um: "Que perfume gostoso" ou "Hoje você está simplesmente deslumbrante" do que um "Gostooooosaaa!!". É grotesco! Nos elogiem, deixem nossos egos inflados, mas, por favor, façam isso da maneira certa!

Afinal de contas, quem sabe com um elogio certo vocês não acabam recebendo um olhar de volta ou um sorriso de agradecimento? Tudo é questão de como se vive a situação e como se entende o momento daquela cantada.

Tenho visto nas redes sociais muitos vídeos bacanas falando sobre esse assunto. Os mais legais são vídeos em que os homens trocam de lugar conosco e passam a ser alvo de assédio e cantadas (de homens para outros homens). São engraçadas as reações. De todos que eu vi, nenhum gostou, mas ninguém nunca parou para pensar se nós, mulheres, gostamos, né?

Na minha opinião, existe um limite entre assédio, elogio e cantada. Claro que não vou ser radical a ponto de não saber receber uma olhada ou quem sabe um fiu-fiu por aí, né? A questão é saber se isso vai ultrapassar os limites. Quando iniciei no funk, eu ouvia muita gracinha de todos os lados. Bastava subir no palco que os homens achavam que nós éramos objetos e estávamos ali dispostas a qualquer coisa. Nos julgavam pela roupa que usávamos ou pelas músicas que cantávamos. Eles se sentiam livres para agir daquela maneira.

Já recebi cantada de todas as formas que você possa imaginar. Desde as clássicas: "O teu pai é ladrão?" "Não." "Então como é que ele roubou o brilho das estrelas e colocou nos seus olhos?" Até as mais elaboradas e atrevidas: "Me ajuda com umas contas... Somamos eu e você, subtraímos nossas roupas, dividimos suas pernas e multiplicamos a espécie..." Ou a pergunta: "O que essa bonequinha está fazendo fora da caixa?" Se você estiver em um bom dia, acaba sendo até divertido, sabia?

Para os homens é mais fácil jogar um verde do que tentar ser romântico e acertar uma boa cantada com um elogio, né? Eu não quero de forma alguma reivindicar o fim das cantadas nem acabar com a paquera e com a possibilidade de rolar algo maior, até um grande amor. Só quero deixar claro que isso para mim, na grande maioria das vezes, acaba sendo grotesco.

SOU DESSAS

Muitos homens falam o que lhes vem à cabeça, e se julgam "estar no seu direito de homem". Nunca pararam para pensar que a mulher em quem eles estão dando aquela cantadinha boba pode ser uma mãe de família, uma pessoa que não se sente bem sendo assediada em público ou que não está aberta a qualquer tipo de situação naquele momento? Daí, quando mostramos o dedo do meio em resposta, os que são mais abusados devolvem com uma ofensa e geralmente gritam de volta algo como: "Tá se achando, né?", ou até coisa pior. Não, meu amor! Se eu estivesse me achando eu voltaria aqui mais vezes pra ver quantas vezes você seria babaca o suficiente pra insistir nessa sua cantada barata. (Se eu disser isso serei eu a louca, né?)

O respeito deveria ser a regra número um para a cantada. Os homens (algumas mulheres também, claro) deveriam aprender desde cedo que é feio ser inconveniente na rua e que, se você quer conquistar uma mulher, deve ser gentil, um cavalheiro. Ofereça rosas, elogie nosso perfume, nosso olhar, nossa inteligência. Seria um sonho se tudo fosse assim, né? Confesso que dei uma sonhada um pouco alto, mas acredito lá no fundo do meu coração que se a gentileza fosse de fato incluída no currículo escolar, isso não seria impossível.

Muitas dessas cantadas são tão pesadas que poderiam ser consideradas assédio sexual. Vi uma pesquisa que dizia que 99% das mulheres já foram cantadas. Nas ruas, no transporte público, no trabalho e nas baladas. Dessas 99%, um total de 83% não gostaram da experiência. Quando li, percebi que não sou só eu que tenho aversão a esse tipo de coisa. Muitas mulheres já deixaram de sair de casa com medo do assédio. Elas são acuadas por um sistema machista. Quantas delas evitam usar determinados tipos de roupa para sair. Olha o absurdo!

Gente, isso influencia até o nosso modo de nos vestir. Agora, pasmem: essa pesquisa fala que, quando as mulheres não respondem, elas são xingadas e hostilizadas pelos autores das cantadas. É justamente o que eu disse no início do texto! Ainda saímos como "as erradas" da situação.

Homens, podem nos elogiar, sim, mas, por favor: sejam gentis. Nós gostamos de ser bem tratadas. Não gostamos quando isso ultrapassa os limites do aceitável e acaba caindo na cantada escrota, que rebaixa a mulher a um simples objeto sexual. Disso nós não gostamos mesmo.

VALESCA

Hoje têm rolado algumas reações muito legais por parte das mulheres. Elas estão filmando e registrando algumas atitudes masculinas reprováveis. Quando os machões entram em ação e disparam seu repertório de cantadas, elas filmam e tomam providências contra o cara. O mais legal é que existem prefeituras que já utilizam essas informações, criando campanhas contra a cantada barata. Para mim, deveriam ser chamadas de campanhas contra o assédio.

Felizmente, meninas, existe luz no fim do túnel! O Projeto de Lei 1.806/2015, a chamada Lei da Cantada, proposto pelo deputado Laudívio Carvalho (PMDB-MG), sugere que é crime "abordar, importunar ou constranger mulher com gestos ou palavras torpes ou obscenas". A punição, nesse caso, será de 15 dias a três meses de prisão, além do pagamento de multa. Justo, né?

A mulher que passa por esse tipo de situação dificilmente esquece. Comecei a entender as cantadas quando já tinha uns 12 anos. Eu tinha muito medo do que poderia acontecer se eu demonstrasse que não tinha gostado, e mais ainda se a pessoa resolvesse ir adiante com aquela situação. Carregamos conosco lembranças que nos marcam e nos deixam desconfortáveis.

Sei que nesta encarnação não vou conseguir ver o dia em que os homens tratarão todas as mulheres como uma figura da maior importância em suas vidas, mas sei que ainda é tempo de ensinar na escola, aos pequeninos, que cuidar bem das mulheres é o mesmo que cuidar bem das próprias mães.

4

O EMPODERAMENTO DA MULHER E O MERCADO DE TRABALHO

HOJE, O MEU GRANDE ORGULHO é ver que minhas músicas são uma espécie de norte para a nova mulher brasileira, aquela que busca sua autonomia e quer ter liberdade para se expressar, sem aceitar rótulos.

Pelo Brasil afora há muitas mulheres que ainda não se ligaram nas minhas mensagens e só sabem me criticar. Elas me julgam pelo simples fato de eu estar na mídia fazendo, vestindo e falando o que tenho vontade. E isso eu não vou mudar jamais!

Mesmo sendo repudiada por muitas, já tive o prazer de ver mulheres que me reprovam tomando atitudes dignas de uma feminista e finalizando suas frases com um belo beijinho no ombro ou outra frase qualquer de minha autoria.

Falando em citação, uma vez vi uma pichação em um muro e nunca mais esqueci a frase:

"Beijinho no ombro só quem tem disposição."

"Não me dou o respeito, Porque já é meu por direito."

E eu não me canso de repetir essa verdade.

Está na hora de pararmos de falar que as mulheres estão lutando para conquistar um lugar ao sol na sociedade. No mercado de trabalho elas já chegaram e já ocuparam o seu espa-

VALESCA

ço. Pela competência e pela garra, estão desbancando os homens em funções até ontem consideradas masculinas.

Eu me orgulho de ver mulheres em funções onde antes a entrada era praticamente proibida. Ver uma mulher fardada nas forças armadas, comandando um batalhão, vestindo um macacão de estaleiro, em uma oficina mecânica, na gerência de um banco, pilotando um caminhão e até mesmo na política ou viajando para o espaço, tudo isso é incrível.

Com relação à corrupção, eu afirmo sem hesitar: a mulher tem mais senso de honestidade do que o homem.

Gente, uma mãe não ensina o seu filho a roubar.

Essa mentalidade surge com o ingresso do homem em certos grupos, como o da política, onde é cultivada a ideia de que se deve conquistar um cargo para roubar ao máximo e negar até a morte.

Espero que todos os políticos ladrões do Brasil sejam identificados e, independente do partido ou da posição, sejam todos condenados para servir de exemplo. Precisamos urgentemente contar com políticos que tenham interesse em melhorar as condições de vida e trabalho neste país.

Quando falo que o homem tem mais facilidade para se envolver em esquemas de corrupção, não quero generalizar! A maioria deles é de uma honestidade extrema. O ponto de partida dessa postura é a má formação cultural dos brasileiros. Assim como existem homens que, apesar da *Lei Maria da Penha* e do risco de serem presos, julgados e condenados, continuam a agredir, espancar e humilhar as mulheres, também existem homens que acreditam que o melhor a fazer é se dar bem em esquemas de ganho fácil. É o "apego ao velho jeitinho brasileiro" para tirar vantagem em cima do próximo.

A Lei Maria da Penha visa aumentar o rigor das punições sobre crimes domésticos. É normalmente aplicada aos homens que agridem fisicamente ou psicologicamente a uma mulher.

Fui uma das primeiras mulheres a assumir que colocou silicone. A minha pretensão era a mais óbvia possível: eu queria ficar mais bonita e gostosa e atrair os homens para os meus shows. Eu não precisava fazer plástica para resolver algum problema ou agradar

SOU DESSAS

um namorado, até porque eu era muito bem-amada na época, mas eu sabia que a questão da estética era importante para o crescimento do meu trabalho e, ao mesmo tempo, faria bem ao meu ego. Tudo foi bem pensado e estudado profissionalmente.

Fui muito criticada, até mesmo por mulheres, mas com o tempo passei a ser aceita e até idolatrada pelas minhas popofãs. Essas não me abandonaram nem por um momento e me ajudaram a combater o pensamento machista de que a mulher não poderia passar por um processo de transformação física para ficar mais bonita, mais sensual, mais atraente e, por que não dizer, mais gostosa!

É engraçado ver como essas coisas mexem com a sociedade.

Saíram muitas notícias falando mentiras sobre as cirurgias que eu fiz. Muitas coisas inventadas!

Sou a favor da plástica, desde que feita por um bom profissional. O procedimento é delicado e a recuperação não é fácil. Você precisa estar nas melhores mãos.

Nariz, queixo ou lipoaspiração eu nunca fiz. Não critico quem faz, mas em mim ainda não vejo necessidade de mexer. Se um dia eu achar que preciso, vou lá e faço!

Uma vez fiz preenchimento labial. Uma vez só. Sempre achei a Angelina Jolie lindíssima e queria ficar igual a ela. Gente, o resultado foi desastroso. Eu odiei! Ficou artificial, minha boca ficou muito feia. Isso eu não faço mais. Melhor ficar com a boca assim mesmo.

> "Vou te mostrar como se joga se quiser brincar."

5
HOMENS RECALCADOS E MULHERES BEM-SUCEDIDAS

AINDA NO GANCHO DO ASSUNTO "cantadas", vamos falar sobre a minha relação com os homens que não sabem ouvir não ou não sabem conviver com uma mulher bem-resolvida e bem-sucedida. Gente, se eu fosse listar aqui nomes de homens famosos, políticos e jogadores de futebol que vieram me dizer gracinhas apenas porque ouviram um não, eu não escreveria nada mais neste livro. E olha que tem gente casada, pastores e gente que nem é famosa nessa lista. Mas o foco não é esse.

O homem sempre se acha a última bolacha do pacote. Lógico que existem exceções, e tem aqueles que entendem perfeitamente quando não queremos nada. Mas não é difícil o cara tentar sair por cima quando recebe uma negativa ou enxerga no seu caminho uma mulher com poder. Eu acho lindo quando chego em um lugar e vejo que a chefe é uma mulher.

Lembro da época em que trabalhei em uma borracharia. Os funcionários de lá estavam acostumados a serem os donos do pedaço. Quando cheguei para trabalhar, foi um furdunço. Eles fizeram pouco caso de mim, fizeram chacota e duvidaram de que eu conseguiria executar o serviço tão bem quanto eles. Alguns meses depois, eu

VALESCA

estava ali provando que era tão competente quanto qualquer outro funcionário e que tudo que um borracheiro tivesse que fazer no seu ofício, eu era capaz de executar. Com a minha dedicação, conquistei a admiração de alguns parceiros.

Sempre que meu patrão precisava sair da borracharia, ele me deixava gerenciando o local, mas aquilo não era aceito pelos homens como sinal de competência, claro. Eles faziam comentários maldosos tipo "ele deve estar pegando ela", "ela tá se insinuando pra ele", "ele está a fim dela".

Será que o meu serviço não era bem-feito? Eles não poderiam pensar dessa forma? Era mais fácil tentar me rebaixar do que aceitar o fato de que eu poderia ser melhor do que eles?

Agora volto a pensar em tudo que já passei na vida. Quando comecei a cantar funk, gente, eu era mal recebida por alguns contratantes, por MCs e por DJs que não achavam certo uma mulher ser vocalista de um grupo de funk. Eu achava que era porque o mercado era feito por homens e entendia que talvez eles não gostassem de ter uma mulher entrando nesse ramo. Um verdadeiro clube do bolinha.

O destaque da mulher é sempre visto de forma negativa. Na época em que comecei a fazer sucesso, ouvia coisas do tipo "só tá fazendo sucesso porque mostra a bunda". Certa vez discuti com um rapaz que trabalhava nos bastidores. Ele disse que, para fazer sucesso na TV, bastava a mulher rebolar e mais nada.

Gente, naquele dia eu não gostaria de estar na pele dele. Porque eu sou dessas: quando entro em uma discussão, demoro a sair dela e vou até o fim, custe o que custar. Respondi que os homens, quando dançam ou cantam sem camisa, estão fazendo uso do mesmo direito que eu tinha de balançar a minha bunda. Falei que os homens usavam o tanquinho deles para conquistar as meninas. Se ele queria falar de onde eu realmente deveria estar, era melhor desistir, porque a única pessoa que sabia onde eu deveria estar era ninguém menos do que eu mesma.

São imbecis desse tipo que atrapalham o processo de evolução da nossa sociedade e fazem pessoas desprovidas de inteligência tomarem para si esses conceitos e espalharem esse tipo de mentalidade.

É uma felicidade ver mulheres vencendo os limites impostos pela sociedade machista que nos obriga a ser apenas donas de casa. Não tenho absolutamente nada contra essa escolha, mas, na visão de alguns homens, essa é a nossa única função na sociedade. O que é isso? Hoje nós pilotamos avião, somos presidentas, juízas, mecânicas, motoristas, dentistas... Isso tem assustado os homens. Mesmo com tanto destaque em nossa performance no mercado de trabalho, ainda somos hostilizadas e não temos um reconhecimento financeiro justo. Enfim, não vamos desistir sem lutar.

Olhares, cochichos e risadinhas foram as coisas que mais vi e percebi durante todos esses anos, como se duvidassem da minha capacidade, do meu esforço e do meu carisma. Sempre que terminava algum show, eu observava aqueles que vinham, surpresos, me parabenizar e dizer que tinham adorado. Só que, como eu adoro causar e o palco é o melhor lugar para formar opiniões e iniciar grandes mudanças, nos meus shows eu sempre canto alguma coisa para os homens, na forma de recado para eles. A minha ideia é mostrar que estamos no mesmo nível, seja no sexo, no trabalho ou no dia a dia. Para ter sucesso, amor, tem que fazer direito, e isso nada tem a ver com o gênero da pessoa.

Passados todos esses anos, ainda sinto, embora em menor escala, esse recalque por parte dos homens. Nem todos veem as mulheres que, como eu, cantam funk com o mesmo respeito e admiração dos homens. O preconceito que eu e algumas mulheres do funk precisamos quebrar todos os dias serve para mostrar ainda mais a nossa força e o nosso empenho.

Algumas pessoas ainda falam que, além da minha bunda, eu surgi no funk com músicas "que são só putaria". Elas se recusam a admitir que essas músicas refletiam a minha vontade de brigar pelo nosso espaço.

Em cima dessas letras de proibidão eu alcancei um grande público e mostrei a todos os fãs essas verdades. Atualmente canto músicas mais leves, mas não me arrependo de nada. Com os proibidões, muitos homens que tinham a cabeça fechada hoje aceitam e entendem que a mulher pode tudo que quiser.

Existe uma concepção muito clara na sociedade de que o homem nunca poderá ser menos do que a mulher. Só que ele está nessa briga sozinho. As mulheres não querem ser melhores do que os homens; nós só queremos conquistar o nosso espaço e que seja de fato reconhecido o nosso papel no mundo.

VALESCA

Quando penso na mulher evoluindo no mercado de trabalho, lembro que em alguns países a evolução da mulher na sociedade é notoriamente mais avançada. É lógico que cada lugar, cada país, tem a sua forma de agir e a sua cultura, mas que venha logo a evolução.

Nós somos metade da população brasileira. A luta é de igual para igual. Sinto dizer aos homens que não aceitam e não gostam dessa ideia, mas nós estamos aí. Não desejo que os homens se curvem ou que todas nós, mulheres, sejamos chefes. Não é essa a questão. O que eu quero saber é: quando é que eles vão começar a aceitar que nós já conquistamos o nosso espaço e que queremos respeito?

Eu enfrento um preconceito muito grande, primeiro por ter vindo da favela, depois por ser mulher. Para fechar com chave de ouro, eu ainda sou funkeira assumida. Imagina como eu sou vista pelos homens?

Quando vou a uma reunião de negócios, procuro debater, conversar e expor minhas ideias, e muitas vezes percebo que, quando estou com o meu empresário, a conversa é sempre dirigida a ele. Eles se esquecem de que estou ali, esquecem que sou uma pessoa que opina e que tem interesses. Nós também temos voz, também temos ideias, mas não é difícil sermos tratadas com indiferença pelo simples fato de sermos mulheres.

Tenho capacidade suficiente para enfrentar tudo e todos. Sei ser "homem" quando é preciso ser, se é dessa forma que eles pensam em agir. Se for preciso agir "feito homem", pode contar comigo!

"Tenho capacidade suficiente para enfrentar tudo e todos"

6

PRECONCEITO E IGUALDADE RACIAL

EU TENHO AMIGOS CINÉFILOS e estava ouvindo comentários sobre o fato de não ter atores negros indicados ao Oscar 2016. Foi uma parada muito absurda que foi tratada pela imprensa e pela sociedade de forma pálida, como se nada de mais estivesse acontecendo.

No fim das contas, algumas pessoas disseram que o mundo tinha que se conformar porque infelizmente nenhum ator negro ficou à altura dos brancos este ano para concorrer à estatueta.

Eu gostaria de saber:

O que aconteceria com o mundo se, em uma premiação do Oscar, nenhum ator branco fosse indicado? Será que teríamos a mesma compreensão por parte da sociedade?

O absurdo não está nos "trabalhos relevantes", mas no que os levou a não ter os tais "trabalhos relevantes". Alguns atores negros maravilhosos sofreram em 2015 a maior discriminação da história por parte da indústria cinematográfica. Está na hora de termos, de fato, a igualdade. Os negros não podem viver debaixo de um discurso mentiroso de promessas de que a sociedade será calcada em leis que promovam a conscientização e a igualdade entre os grupos étnicos.

Até quando os negros vão ser tratados como coadjuvantes em todos os setores da sociedade?

Halle Berry, Morgan Freeman, Danny Glover, Whoopi Goldberg e tantos outros foram ignorados!

VALESCA

Quando a jovem atriz Lupita Nyong'o ganhou o Oscar de melhor atriz coadjuvante por *12 anos de escravidão*, eu fiquei muito feliz e por um instante pensei que a sociedade estivesse começando a enxergar os valores dos negros no mundo, mas não tem jeito: sempre vemos, logo na sequência, uma onda de fatos que frustram essa ilusão, e então voltamos a viver dentro da dura realidade de um cenário do mais puro preconceito racial.

O pior reflexo dessa situação não está nas indicações aos prêmios da academia de cinema, mas sim nas atrocidades que derivam desse comportamento hipócrita e preconceituoso. O pior está nas humilhações que a maioria dos negros sofre todos os dias no trabalho, na escola, na rua, em todo lugar.

É alarmante, por exemplo, saber que um cemitério como o São Luiz, na periferia da cidade de São Paulo, tem o maior número de sepultamentos de jovens negros em estado de vulnerabilidade social, vítimas da violência. Muito revoltante também é saber que a grande maioria dos jovens mortos nas periferias é formada por negros.

O fato de não existirem atores negros indicados ao tal do Oscar não traduz para mim apenas a falta de papéis importantes para esses atores, mas indica que a sociedade ainda não absorveu a essência, o teor e a importância da conscientização sobre a IGUALDADE.

Estamos no século XXI, mas vivemos na Idade da Pedra.

parte 4

OS AMIGOS E A RELAÇÃO COM OS FAMOSOS

1
O DIA A DIA: A VALESCA DE ONTEM E DE HOJE

MUITAS PESSOAS TÊM AQUELA CURIOSIDADE para saber como eu sou no meu dia a dia. Uns devem achar que eu ando montada 24 horas por dia. Outros devem achar que eu tenho várias pessoas à minha volta fazendo tudo por mim. E, claro, tem aqueles que acham que eu acordo meio-dia, fico de pernas pro ar e só trabalho mesmo quando tem show no fim de semana.

Acredito que eu tenha um dia a dia normal como o de qualquer um de vocês. Lógico que, em função do sucesso, aumentaram os meus compromissos. É muito engraçado olhar o passado e lembrar quando eu era mais nova e ficava divagando e idealizando como deveria ser a vida de uma artista. Eu ficava imaginando tudo o que envolvia aquele mundo de sonhos e glamour, mas, como a vida ainda era dura, logo vinha a voz da minha mãe e rapidamente eu voltava à realidade.

Eu olhava bem à minha volta, admirava a minha mãe com toda aquela garra para lutar e, em todos os dias da minha vida, eu tinha apenas um desejo lá no fundo do meu coração: queria muito dar uma condição de vida melhor para ela. Isso me moveu e me deu muita força. Hoje, graças a Deus, parte desse sonho se tornou realidade, porque eu não desisti de conquistar ainda mais sucesso e fazer ainda mais pela minha mãe e pelas pessoas que eu amo.

VALESCA

Desde novinha aprendi o valor do trabalho. Como a minha vida nunca foi um mar de rosas, eu ajudava a minha mãe desde cedo. Ela saía para trabalhar e eu ficava cuidando da casa. Ou então ia junto com ela ajudar nas faxinas. Ajudava porque tinha dó. O serviço era muito pesado.

Tudo na vida nos provoca alguma transformação, então teve uma vez que me doeu tanto que eu prometi a mim mesma que isso nunca mais iria acontecer. Revoltada, prometi em silêncio que nós iríamos mudar de vida e deixaríamos de passar por humilhações.

Minha mãe estava em uma situação financeira muito apertada. Para me alimentar, ela me levava com ela para o serviço. Tinha uma casa na zona sul, um casarão, que tinha quatro quartos, duas suítes, o quintal era imenso. Começamos a limpar e, na hora do almoço, a dona da casa veio de cara amarrada e entregou à minha mãe apenas uma pequena marmita. A minha mãe comentou: "Mas, senhora, nós somos duas aqui." E a dona respondeu: "O combinado foi só uma pessoa para fazer a faxina. Desse jeito vai ficar muito caro pra mim." Minha mãe olhou para mim, sorriu, muito calma e tranquila, então abriu a marmita e me deu. Eu perguntei se ela não ia comer um pouco da marmita comigo, e ela disse, com um grande sorriso: "Não, filha, a mãe tá cheia com aquele café até agora, não aguento nem beliscar." Triste e faminta, eu comi tudo, mas percebia no olhar da minha mãezinha que ela também estava faminta. Aquilo me doeu tanto! (Preciso dizer que neste momento eu parei de escrever, pois as lembranças daquele tempo triste me fizeram chorar... muito.) Eu ainda vejo aquela família fazendo a sua refeição com muita fartura, enquanto minha mãe preferiu não dividir uma marmitinha para que não faltasse comida para mim.

Uma observação: desde muito novinha, nunca fui de pedir nada à minha mãe. Quando íamos ao mercado, eu sabia da nossa situação, mas ela, mesmo sem poder, sempre comprava algo diferente do necessário. Se o dinheiro não dava mesmo, ela me comprava nem que fosse uma bala. Lembro que eu ficava caladinha, com um apertinho no peito, esperando aquele mimo. E quando ela me chamava e me dava, nossa... Eu ficava tão feliz.

Pelo fato de termos sido muito humilhadas, eu cresci com uma coisa dentro de mim: nunca iria negar comida a ninguém. Se uma pessoa me pede comida

SOU DESSAS

na rua, sempre dou um jeito de providenciar alguma coisa. Na minha casa, meus parceiros de trabalho sentam na mesma mesa que a minha família para comer. Aprendi a dar valor ao pão e passo sempre esse ensinamento ao meu filho.

No meu dia a dia não existe frescura nem complicação. Quem me conhece sabe que eu sou muito tranquila. Vou ao mercado, faço tarefas domésticas e principalmente cuido do Pablo. Se tem uma coisa de que eu não abro mão é saber tudo da vida dele. Eu procuro sempre estar presente em tudo, em todos os momentos dele. Procuro ser uma mãe participativa.

É claro que, por causa da fama, existem coisas que eu tinha o costume de fazer e hoje em dia não consigo mais. Ir à padaria, por exemplo, às vezes vira uma sessão de fotos e autógrafos. Mas é maneiro! As pessoas primeiro se assustam, depois pedem pra fazer foto e geralmente o local vira um furdunço. Se isso me incomoda? Jamais! Vai me incomodar no dia em que ninguém mais me parar.

Tenho um fato engraçado pra contar pra vocês. Uma vez, quando estava começando a ficar famosa, eu fui ao mercado. Na época, eu não sabia que as pessoas já me reconheciam e sabiam de mim. Então, resolvi fazer compras e tinha uma lista na mão que geralmente levaria uns quarenta minutos para pegar. Nem tinha me arrumado naquele dia. Chegando lá, peguei o carrinho, entrei no mercado, que estava muito cheio, normal até aí. Entrei e percebi que algumas pessoas estavam me olhando. Peguei logo a fila do açougue, porque é sempre aquela demora para atender. Estava lá aguardando, e o açougueiro me reconheceu e começou a cochichar com os colegas, e então ele gritou: VALESCA POPOZUDA MERECE ATENDIMENTO ESPECIAL! Gente! A minha cara foi no chão. Fiquei muito sem graça e disse que não precisava, que aguardaria normalmente, até que começou aquela movimentação: MERECE SIM, PODE PASSAR. Eu agradecia e dizia que preferia esperar a minha vez. Daí as pessoas que não sabiam quem eu era ficavam perguntando e outras respondiam: "Ela faz novela." Outros falaram: "Ela é ex-BBB." E começaram a pedir fotos.

Realiza: eu na fila da carne fazendo foto com uma galera e morrendo de vergonha daquilo. Então chegou a minha vez de ser atendida, e o açougueiro queria muito me agradar. Então eu falava: "Me dá um quilo de carne de porco." E ele gritava para os outros: "UM QUILO DA MELHOR CARNE DE PORCO PRA VALESCA POPOZUDA." E vários à minha volta falavam: "Vou querer o mesmo que a Valesca." E eu: "Agora um quilo de carne moída." O açougueiro: "UM QUILO DA MELHOR CARNE MOÍDA PRA VALESCA POPOZUDA." Foi assim o tempo todo.

Quando achei que já tivesse acabado a sessão mico, entrei no corredor de frutas e verduras e as pessoas, que já estavam sabendo que tinha alguém famoso dentro do mercado, começaram a me procurar e vir fazer foto comigo. O interessante é que eles queriam fazer a foto mas quase ninguém sabia se eu era atriz, ex-BBB ou cantora. Uma senhora me disse até que estava adorando o meu trabalho na novela.

Aquilo foi virando um mar de gente, porque as pessoas que saíam comentavam que tinha uma artista famosa lá dentro, e a galera foi formando uma multidão que eu já não conseguia mais comprar nada. Por onde eu ia, vinha gente atrás de mim.

Apareceu gente para empurrar carrinho, para dar palpite nos produtos que eu tinha que pegar... Comecei a ficar assustada porque a rua também estava cheia de gente que esperava a ex-BBB, atriz e cantora sair. Poucos sabiam na verdade quem eu era. Quando cheguei ao caixa, já tinha levado umas três horas. Então a moça passava os produtos e eu, enquanto isso, ia fazendo foto. O gerente veio perguntar se eu poderia fazer uma foto com alguns funcionários, e é claro que eu fiz.

Quando cheguei lá fora, tinha gente falando que eu era mais bonita pessoalmente do que na TV, que merecia ter vencido o BBB, que na novela meu papel estava muito bom. Eu só agradecia e dizia que estava feliz pelo carinho. Gente, não ia adiantar explicar que eu não era nenhuma ex-BBB nem que não estava fazendo papel em novela nenhuma, né?

Esse foi o primeiro sinal real de que algo estava mudando. Se antes eu levava quarenta minutos para fazer as minhas compras, agora levava três horas.

Então, depois desse dia eu evito ir fazer compras. Mas sinto falta, acreditem. Sinto falta de coisas simples da vida, como ir ao mercado em horário de pico e das promoções de aniversário. Não, para tudo!!! O que é uma promoção de aniversário? Você sai de casa achando que com uma merreca vai comprar a loja toda e, chegando lá, descobre que os preços baixos dos produtos anunciados se revezam com os preços altos de outros, mas você precisa destes últimos também.

E quando o locutor da loja, um ser que você nunca vê no mercado, anuncia uma excelente promoção e diz que ela vai durar só cinco minutos? E daí você não consegue achar? Nossa!! Eu ficava enlouquecida. Quando faltavam dois minutos, eu via uma muvuca de mulheres se empurrando e disputando para pegar a quantidade limite.

Essas coisas fazem falta. Gosto de escolher o que vamos comer em casa, pensar no almoço de domingo, ver os preços das coisas e reclamar, escolher verduras, frutas... Adoro pedir eu mesma o pão e a carne para a atendente. Ficar apontando para a vitrine e dizer: "É! Esse aí, moço."

São momentos simples mas prazerosos, que fazem qualquer pessoa esquecer um pouco os problemas do dia a dia. Esse tipo de coisa nos revigora. Nos desconectamos dos compromissos e ficamos preparados para a batalha do dia seguinte.

Hoje tento fazer coisas boas com o meu maior parceiro e amor da minha vida. Quando estou de folga, dedico meu tempo ao Pablo. Procuro dar toda a atenção que ele merece.

Quando ele nasceu, eu tinha acabado de me firmar no grupo, e isso me afastou dele. Nos dias em que tínhamos ensaios e shows ele ficava com a minha mãe.

Mas nós dois gostamos de fazer muitas coisas juntos, e isso sempre me divertiu. Quando ele era bem mais novinho, ainda bem pequeno, eu assistia desenho com ele, nós víamos filmes... Eu não me cansava de assistir mil vezes a um desenho de que ele gostasse. Eu o levava para brincar nos parquinhos dos shoppings, e lá eu não era a Valesca Popozuda, era apenas a mãe do Pablo, fazendo de tudo para demonstrar o meu amor e sendo capaz de qualquer loucura para vê-lo feliz.

Sempre soube separar muito bem a artista da mulher, e principalmente da pessoa que sou como mãe. Sempre tive uma relação muito aberta e sincera com meu filho. Quando ele começou a entender as letras das músicas e a fazer questionamentos sobre o que eu cantava, isso com 6 ou 7 anos, houve uma situação em que aquela criaturinha me emocionou e me encheu de orgulho. Ele me fez sentir uma diva de verdade no momento em que, depois de gaguejar para tentar explicar o sentido da letra com sutileza, eu ouvi que estava tudo bem, que não precisava ter vergonha porque ele tinha muito orgulho de ser filho da cantora Valesca Popozuda. Ai, gente, acabei de derramar mais lágrimas sobre o note. Perdoem se tudo isso parece cafona, mas ouvir aquilo renovou as minhas forças e se tornou o maior motivo para seguir em frente e enfrentar o mundo se preciso fosse para continuar levando a minha mensagem.

O engraçado é que, quando estou em casa, não sinto o efeito da fama, fico tão livre e tão à vontade que geralmente o Pablo mesmo esquece disso. Às vezes ele fala: "Mãe, amanhã a gente podia ir ver tal filme, né?!" E eu sempre digo: "Até podemos, mas amanhã eu tenho o compromisso tal, na rádio tal, ou tenho tal TV pra gravar. Podemos marcar pra outro dia?" Ele sempre aceitou na boa, mas, quando era algo que queria muito, não conseguia disfarçar a carinha de frustração. Isso me machucava muito, então tive uma ideia que funciona até hoje: comecei a deixar minha agenda aberta para ele ter acesso e marcar nela as coisas para a gente fazer junto, sempre em dias em que eu não tenho compromissos profissionais. Geralmente é no início da semana. Ele se adequou e conseguiu conciliar a nossa convivência com as coisas do meu trabalho.

Perdi muita coisa e já chorei muito por não poder estar presente em momentos importantes, como o Dia das Mães, por exemplo. Nossa, era dolorido demais não poder estar com ele nesse dia. Eu sabia que ele também sentia falta, mas ele entendia que isso era um ônus do meu trabalho.

Hoje em dia as coisas já são mais fáceis de entender. Ele vai a alguns shows meus, e também está naquela fase de preferir ficar com os amigos a ficar comigo. Vida ingrata, né? O meu bebê saindo sem mim e se divertindo!? Como assim!? A gente cria os filhos pra gente, mas eles querem ser do mundo. Eu superentendo o Pablo, mas, respeitando a sua individualidade, procuro saber os locais aonde ele vai, com quem vai e a que horas vai voltar!

Fico nervosa como qualquer mãe que ama seus filhos, me descabelo se ele passar vinte minutos do horário programado. Daí só me resta acionar o pai e dizer que o filho também é dele e que nós temos que fazer alguma coisa, porque ele ainda não voltou e o celular está desligado. Isso vai até a hora em que ele entra em casa. Daí os meus medos desaparecem, e eu, com a voz mais fofa do mundo, digo: "Filho, por que você demorou tanto a chegar!!? Mamãe tava preocupada!" Daí ele me dá um beijo e uma desculpa qualquer e eu, em silêncio, agradeço muito a Deus por tê-lo protegido, por ele estar dentro de casa e indo dormir. Quando ele sai nos fins de semana e não posso estar em casa esperando, tudo acontece da mesma maneira, só que via celular.

No dia a dia eu sou esse tipo de mãe que se preocupa com a escola, busco saber se está indo bem nos estudos, bisbilhoto o celular dele (ahhhh!! agora ele vai saber disso), quero saber os amigos que ele tem (se usarem drogas, nem pensar!), pergunto quando ele chega da balada se bebeu, se fumou. Converso muito sobre drogas com ele, pois sei das facilidades da noite e da cabeça bem-orientada que os jovens precisam ter. Falo sobre as responsabilidades que ele precisa ter e sobre o uso da camisinha. Oriento o meu filho para a vida.

Eu me acho muito comum. Não me deslumbro com nada nem ninguém. Tenho algumas amizades no meio artístico e tive muitas decepções também.

Uma amizade que eu tenho prazer em manter é com a minha musa Susana Vieira e o meu amigo irmão David Brazil. Foi ele quem fez essa ponte para a minha amizade com a Susana, e até hoje nós mantemos essa ligação firme e forte. Quando sou muito fã, procuro manter contato. Eu acho que a Susana é tão maravilhosa e importante para a história da TV que deveria ser criado um prêmio para as grandes estrelas das novelas brasileiras — ela seria a primeira a ganhar. Ela é linda, maravilhosa, magnífica e absoluta!

Na música, conheci muita gente que eu curto como fã. Me decepcionei com algumas, sobre as quais nem vale a pena comentar, mas, em compensação, muitas outras só me encantaram. Conhecer a Wanessa Camargo foi para mim um presente enorme. Eu a admiro em todos os aspectos. Ela me surpreendeu com tanta humildade e carisma. Eu já era fã e hoje em dia a amo.

Faz parte também conhecer pessoas de quem você gosta pela TV e, quando conhece pessoalmente, se decepciona. Certa vez, encontrei um ator famoso de quem eu era muito fã. Ao me aproximar, ele foi extremamente grosso comigo e com todos os que foram pedir uma foto, um autógrafo ou elogiar o seu trabalho. Eu nem cheguei a tirar foto, preferi não fazer, pois não conseguiria fazer um post fake e dizer ao meu público: "Gente boa e simpático esse cara..." Na verdade se tratava de um grandessíssimo babaca. Não revelo o nome do bofe porque sei que a mídia iria procurá-lo e daria mais espaço para ele. Como ele não merece, não vou fazer publicidade gratuita, né?

No meio artístico é difícil manter uma boa amizade. Os artistas em geral têm a vida muito corrida, além de terem problemas e compromissos como qualquer outra pessoa da face da Terra. Dessa forma, fica difícil dar atenção aos amigos o tempo todo. Sem contar que muitos nos querem muito bem enquanto estão na nossa frente, mas, quando estão por trás, nos maldizem, fazem fofoca, desdenham e até desejam a nossa queda.

Infelizmente, muitas vezes é assim que rola, mas eu não me abalo por causa disso e sigo sempre o meu caminho, agregando à minha vida somente quem de fato me mostra que vale a pena.

Eu não procuro manter amizades por conveniência e também não busco ser amiga de ninguém por conta do sucesso ou por ser um grande ator, locutor, produtor ou diretor de tal emissora. Busco pessoas que possam dividir experiências comigo e trocar momentos interessantes, dar e ouvir conselhos, como em qualquer outra relação de amizade.

Prefiro desfrutar das boas amizades que tenho e não expô-las na mídia, por mais que também sejam famosas. Por isso me mantenho sempre quieta no meu canto, sem muita badalação e exposição! Festas? Somente aquelas em que uma diva deveria estar.

Aprendi que a minha carreira depende somente de mim e das músicas que eu lanço, que não adianta fazer amizade com pessoas famosas visando apenas o desejo de se manter na mídia e de circular no meio artístico. Isso é um tiro n'água, uma furada.

Como já disse, sou muito observadora e vejo muito oportunismo no meio artístico. Procuro não fazer igual. A minha percepção me fez ter a real noção do que é um sucesso natural, aquele vindo pela aclamação popular, que faz o público gritar alucinadamente o seu nome no final de um show e pedir para você ficar e cantar um pouco mais.

Agora, quando o sucesso é forçado pela mídia paga para promover um produto que simplesmente não tem apelo algum, fatalmente a música não vinga.

Uma vez participei de um programa de TV e me colocaram para me apresentar depois de uma atração que estava tocando muito nas rádios. Só que, quando o artista entrou no palco, a plateia nem sabia cantar a música de "sucesso". Longe de mim querer parecer soberba, mas o fato é que, quando eu entrei no palco, ainda com o artista no palco, o auditório veio abaixo. Foi a maior ferveção, com todo mundo pulando e dançando.

Outro fato curioso: quando lançam alguém que tem um trabalho no mesmo segmento que o meu, algumas rádios fecham com o empresário a estratégia de tocar a música logo na sequência da minha. Pelo que eu já percebi, essa estratégia nunca deu certo. Acredito que o meu público comece a perceber e fazer de imediato a ligação de uma possível concorrência. Bem, isso é só um achismo, mas que tem fundamento, tem.

Eu adoraria ver muitas mulheres acontecendo no mercado e declarando que eu fui a sua inspiração. Mas os empresários precisam entender que as musas existem para servir de norte às novas carreiras e não de alvo para tentativas de puxada de tapete. O meu lugar já é meu, e tem muito espaço para novas divas aparecerem e se firmarem ao meu lado, e não sobre mim. Vou amar saber que fui a inspiração.

Dentro dessa perspectiva, eu às vezes tenho vontade de ligar para alguém de que eu gosto e marcar um cinema, um teatro, um jantar. O complicado disso é você ser julgada pela mídia como aproveitadora, e isso é uma das coisas que eu mais evito, porque me revoltaria muito e eu não sou assim. Então me reservo e não dou motivos para estar em notas de jornal curtindo festas com celebridades. O que eu gosto mesmo é do encontro casual, parar e bater aquele papo sem ninguém interpretar como uma atitude aproveitadora ou algum tipo de puxação de saco.

VALESCA

A Valesca mulher é bem menos vaidosa que a Valesca Popozuda. Quando subo no palco, procuro estar sempre linda, cheirosa, fashion e impecável para o meu público. Invisto em figurinos, cabelo, maquiagem e muitos acessórios. Já no meu dia a dia eu sou bem básica. É lógico que eu gosto de cuidar do cabelo, da pele, do meu corpo. Aliás, imagina a cobrança quando você se torna uma personalidade pública que carrega em seu nome a referência de um atributo físico. Imagina a cobrança em cima disso. Acho que algumas pessoas pensam que eu durmo e acordo dentro de uma academia.

Eu me preocupo bastante com a minha imagem, pois quero sempre apresentar o melhor dela para os meus popofãs. Invisto em dietas, em tratamentos para a pele e me cuido muito e, como qualquer mulher que se ama, busco sempre estar bem para mim mesma e apresentável aos olhos dos outros. Não podemos ficar devendo, né? Sempre devemos buscar melhorar. Nunca estou satisfeita com relação ao meu físico, e o peso ideal está sempre perto de ser alcançado. Quando você se dá por satisfeita, não enxerga mais objetivos a serem alcançados, então começa a relaxar e a se descuidar. Isso não pode acontecer.

Uma das coisas de que não abro mão é o cuidado com o cabelo. Uso megahair há muitos anos, e isso exige uma atenção toda especial. Faço muita tintura e, como estamos sempre entregues à chapinha ou a escovas, o cabelo fica bem danificado. Talvez esse seja o ponto em que eu mais me dedique na questão da vaidade. Vou ao salão periodicamente e sempre faço questão de cuidar da cabeleira.

Claro que antes eu não tinha condições de ir a um bom salão. Na verdade eu não podia ir a nenhum salão. Uma vez recorri aos tratamentos caseiros da Valesca. Já fiz muita loucura em casa, resolvi criar um produto e misturei azeite, ovo, creme de camomila e passei no cabelo. Gente! Vocês não têm a noção de como aquilo grudou na minha cabeça! Penteava, penteava e aquela gororoba não parava de sair do meu cabelo. Eu lavava e esfregava com as mãos e a coisa não acabava, o cheiro enjoativo do azeite agarrou no cabelo. Mesmo ficando horas no tanque tentando lavar, a coisa parecia ter criado vida e vontade próprias.

Qualquer mistura louca que as pessoas inventam, geralmente em momentos de desespero.

SOU DESSAS

Bem, como última alternativa, apelei para o sabão em pó. Isso mesmo, aquele de lavar roupa. Coloquei um punhado nas mãos e esfreguei na cabeça com muita vontade. Só assim consegui acabar com aquela oleosidade e com o cheiro de azeite, mas, em compensação, passei uns cinco dias com o cabelo cheirando a roupa lavada.

Outra vez eu queria clarear o cabelo e passei óleo de cozinha com água oxigenada. Nunca faça isso! Meu cabelo começou a cair. Se tem uma coisa que eu aprendi com esses tratamentos caseiros é que com cabelo não se brinca. Nada de experiências malucas!

Nossa imagem é muito importante. Quem não gosta de estar bem, de receber elogios, de ser admirado pelas outras pessoas? Dentro dessa linha da vaidade, uma coisa de que eu gosto e acho que me ajuda a me valorizar são as roupas e sapatos. Pronto, achamos meu ponto fraco.

Eu pareço uma centopeia. Quando abro o closet, vejo que daria para calçar um exército de Valescas. Tenho sapatos de todos os tipos. Existem pares que amo tanto que ainda nem usei. Procuro me controlar muito para não sair comprando um par por dia, mas já cheguei a comprar 16 pares em uma só loja. Eles ficam ali como coleção, até porque eu nem sempre tenho uma ocasião para sair usando todos eles. De qualquer forma, qualquer tipo de sapato feminino me encanta, seja ele alto, baixo ou rasteirinha. Se eu gostar, eu compro. E podem ser sapatos baratos, de qualquer marca! O que vale é ter muitas opções!

O meu primeiro par de sapatos caros eu me dei de presente logo quando comecei a ter um retorno financeiro melhor. Eu ficava namorando uma marca famosa. Todo dia entrava no site e olhava cada sapato lindo. Ficava imaginando eles no meu pé. Até que um dia consegui realizar esse sonho e comprei um par. Eu nunca imaginaria na minha vida que pagaria um valor tão alto por sapatos, mas era um sonho. Além disso, fiz um acordo comigo mesma: roupas e sapatos que eu não uso por muito tempo eu não deixo guardados, perdendo o valor. Procuro uma instituição de caridade e faço uma doação anônima. Doo também para bazares de igrejas.

VALESCA

Admiro muito quem faz projetos voltados para pessoas carentes, e apoio a doação de roupas e acessórios para que sejam convertidos em renda e esse dinheiro seja usado com quem realmente precisa. Sempre participo de grupos de assistência e contribuo para ONGs. Normalmente não me identifico ao fazer a doação. Gosto de manter a privacidade e acredito que toda doação, quando é feita com carinho e de coração, não precisa ser nomeada. Só estou comentando isso no meu livro porque acredito que vou estimular os meus popofãs, incentivando que outras pessoas façam o mesmo.

Se tem uma coisa que me dá prazer é separar as coisas para serem doadas. Aliás, em casa eu gosto muito de arrumar meu closet. Eu mesma examino roupa por roupa, olho as que precisam ser lavadas, olho as que estão amarrotadas, sujas por ficarem tanto tempo guardadas, as que eu não tenho usado mais ou que nunca tenha usado. Vou separando e me fiscalizando para não ser mesquinha.

Não me permito partir do princípio de que "o que não serve mais para mim servirá para alguém". Quero que alguém receba o que ainda tem serventia. Isso não é uma crítica indireta àqueles que doam coisas bem usadas, que já não servem mais. Eu jamais ousaria criticar essa atitude. Qualquer tipo de doação vale a pena, mas, como eu disse, sinto um enorme prazer em doar coisas ainda úteis.

Vinte anos atrás, foi duro criar e manter um filho sozinha trabalhando fora a vida inteira. Comparando quem eu fui ontem com quem sou hoje, sei que não mudei nada: mantenho os meus valores e princípios.

A nossa simplicidade vem de dentro. Quando ela é verdadeira, você não pensa em atitudes humildes, você simplesmente pratica.

Se tem uma coisa que eu aprendi é que o dinheiro traz o conforto, mas nos provoca e instiga a nos transformarmos em um ser cheio de arrogância e soberba, mas *nenhum dinheiro do mundo compra a tal felicidade, por isso eu busco fora dos palcos ser a mesma Valesca que sou desde que me entendo por gente.* Por sinal, eu sempre oriento os amigos e os meus popofãs sobre isso. Tenha uma coisa em mente: *você pode ser a maior estrela do mundo, mas,*

SOU DESSAS

sem os valores pessoais e sem uma base forte na sua vida, você acaba se tornando simplesmente um nada!

Amor e relacionamentos

Em todas as entrevistas que dou, uma pergunta está sempre presente: "E os namorados?" Ou então: "Quando vai casar?"

Sou muito reservada, não gosto de me expor. Acredito que os meus popofãs queiram saber. Sei que eles me querem bem e torcem pela minha felicidade e sorte no amor, mas entendem perfeitamente quando eu digo que sou reservada sobre esse assunto. Mesmo assim, a minha vida pessoal acaba sendo bisbilhotada pelos fofoqueiros de plantão, o que me chateia. Bom, eu acabo levando na esportiva e não esquento com as baboseiras e mentiras que inventam sobre mim.

A demora em assumir um relacionamento acontece por vários motivos. Um deles é que não posso anunciar aos quatro ventos que estou namorando uma pessoa que estou apenas conhecendo melhor. Nós, artistas, não podemos jantar com alguém. Se formos flagrados por um paparazzi, pronto! Acabou! Ficamos reféns de uma bateria de entrevistas pautadas em uma coisa que não passou de um jantar ou quem sabe de um beijo.

Eu também não quero que o meu filho saiba da minha vida pessoal através das capas de revistas e dos jornais. Agora sei que posso assumir algum compromisso, pois ele é meu grande amigo e parceiro, me apoia e já tem idade suficiente para compreender minhas escolhas.

Procuro preservar o Pablo ao máximo. Não quero trazer para o seio da minha família qualquer um que me atraia e me interesse. Já me decepcionei muito com namorados e sei que, ao assumir uma relação, estou sujeita a comentários e julgamentos. Jamais vou deixar a minha vida pessoal virar pauta da imprensa.

Demorou, mas eu aprendi ao longo dos anos que qualquer coisa que eu faça, se um repórter ou fotógrafo estiver na minha cola, vai virar notícia. Isso me faz ser cada vez mais cuidadosa até mesmo com as fotos que eu posto nas redes sociais.

Sou assumidamente viciada em trabalho. Sempre tive em mente que nada poderia atrapalhar o meu objetivo maior na vida. Quando o Pablo nasceu e logo depois eu consegui alcançar o sucesso, prometi a mim mesma que daria o máximo de mim, que trabalharia dia e noite se preciso fosse e daria uma vida digna para a minha família.

Para fechar esse assunto sobre o meu dia a dia, deixo aqui um pensamento:

> O meu passado é tudo quanto não consegui ser. Nem as sensações de momentos idos me são saudosas: o que se sente exige o momento; passado este, há um virar de página e a história continua, mas não o texto.
> (Fernando Pessoa)

Amizade

Sobre o meu círculo de amizades fora do meio artístico, tenho amigos hoje, sim, mas são pessoas que eu posso contar nos dedos de uma das mãos. Também tenho um convívio bacana com a equipe de trabalho. Apesar de cada um ter a sua vida e os seus próprios amigos, estamos sempre juntos na estrada, praticamente de quinta a segunda, então temos um relacionamento muito estreito e a amizade às vezes fica para a vida inteira.

Na estrada dividimos alegrias e tristezas, muitas vezes acabamos de fazer os shows e vamos todos para um quarto do hotel falar sobre o dia, bater papo. Falamos de tudo, damos risada, zoamos aqueles que deram mole no show. É uma forma de eles me conhecerem melhor e de eu saber quem são as pessoas que convivem comigo quase mais do que a minha família.

SOU DESSAS

Conto demais com a amizade da minha família. Minhas irmãs e minha mãe são amigas e confidentes. Já o meu irmão, apesar de ser bem mais novo que eu, é o homem da casa, então qualquer dúvida, qualquer problema que eu tenha eu sento com ele e desabafo. Todos são bons ouvintes e se importam de verdade comigo. Poder contar com eles com certeza é o melhor suporte que eu posso ter.

Minha mãe é minha grande amiga. Por termos vivido tudo que vivemos, construímos uma amizade forte que ultrapassou a barreira entre mãe e filha. Temos nossos segredos, cumplicidade e, acima de tudo, temos respeito uma pela outra. Quando minha mãe fala não, até hoje a palavra dela prevalece.

O laço de amizade com a minha mãe é importante demais para mim. Acredito muito nos conselhos que ela me dá, e quando estou triste ou precisando de um ombro amigo é o dela que eu procuro. Não tem solução melhor do que o colinho ou o ombro de quem nos ama, de quem amamos e confiamos.

Tenho amigos fora da minha família que considero verdadeiros irmãos. Eu poderia escrever páginas e páginas sobre as qualidades que os fizeram pular o degrau de amigo para irmão. Tenho um amigo que era fã e se tornou um irmão para mim; tenho amigos que não vejo há anos, mas, se eu gritar por socorro, aparecem correndo para me ajudar; e tenho os popofãs, que nessa jornada se tornaram meus cúmplices e meus queridos amigos.

São a minha fortaleza essas pessoas que fazem de tudo para tornar a minha vida melhor, que me dão uma base para me sustentar como artista. São amigos que faço questão de ter ao meu lado, pois sei que torcem pelo meu sucesso, que torcem pelo meu bem-estar, e principalmente desejam a minha felicidade.

Costumo dizer que, para eu confiar em alguém, essa pessoa precisa ter conquistado várias etapas de credibilidade, e para cada etapa elas vão conhecer uma Valesca diferente. Se chegaram até o final é porque realmente conheceram e conquistaram a Valesca dos Santos e não somente a Valesca Popozuda.

E eu tenho um amigo que é mais que especial! Da mesma forma que construí essa amizade sólida que tenho com a minha mãe, eu construí um laço forte com o meu filho. Converso com ele sobre tudo! Quando estou interessada ou saindo

VALESCA

com alguém, ele é o primeiro a saber. Quando estou triste, não preciso nem falar. Ele já me olha nos olhos, me abraça e pergunta: "O que foi?" Ele tem uma sintonia fina comigo e de fato conhece o que se passa no meu coração.

Sou muito grata a Deus por ter posto no meu caminho um filho como o Pablo. Ele é um menino de ouro, que não se ilude com o meu sucesso, não perde os valores da família e, acima de tudo, sabe muito bem de onde eu vim, como cresci e aonde pretendo chegar. O melhor é saber que qualquer coisa que eu faça, qualquer atitude que eu tome, ele vai estar ali ao meu lado, me apoiando e dando o apoio que eu preciso!

parte 5

RIVALIDADE NO MUNDO FUNK

1

AS MULHERES-FRUTA, AS DESAVENÇAS NAS REDES SOCIAIS E A VALESCA QUE POUCOS CONHECEM

Ser mulher no mundo do funk

QUANDO ENTREI PARA O FUNK, eu ouvia muita gente dizendo que era um campo bem competitivo, e não entendia o quanto isso era verdade. Com a Gaiola das Popozudas, comecei a entender o que isso significava. Por ser um grupo feminino, lógico que éramos todas vaidosas, todas nós tínhamos nosso ego. No começo era tudo uma grande festa, tudo muito legal, até que o sucesso começou a bater na porta e os egos foram ficando inflados. Nunca tínhamos brigado entre nós.

Tínhamos rivalidade com alguns grupos, pois naquela época surgiram dezenas de "Gaiolas das Popozudas", e sabíamos que estavam usando nosso sucesso para ganhar em cima dele.

Chegamos a viajar e ver cartazes anunciando o show das "Popozudas" das "Meninas da Gaiola", e tudo isso gerava

VALESCA

um estresse muito grande. Então, quando conhecíamos as meninas dos outros grupos, era como se fosse rolar luta livre no gel. Nunca chegamos de fato a esse ponto, mas era inegável que não gostávamos nada daquela situação. As provocações nunca nos fizeram perder a cabeça, e entre nós rolava um instinto de proteção.

No começo era bem divertido, e sabíamos que estávamos incomodando pelo sucesso, mas era uma competição sadia entre a gente. A rivalidade com a Gaiola existia até por parte de alguns grupos masculinos (bondes). Talvez eles pensassem que estavam perdendo o público para um grupo de meninas. Descobríamos coisas terríveis que eles faziam para boicotar a gente. Quando precisávamos dividir o mesmo camarim, a situação era pior. Uma vez chegamos para fazer um show no interior do Rio e antes de nossa apresentação um bonde de meninos já tinha usado o camarim. Encontramos o lugar todo sujo, as cadeiras e o sofá urinados. Muita sacanagem!

Já aconteceu de subirmos no palco e a luz geral apagar. Tempos depois descobrimos que foi um bonde da época que mandou nos sabotar. Você acredita que eu sinto certa nostalgia disso tudo e dou risada lembrando das paradas? Havia rivalidade, sim, mas isso nos provocava e nos instigava a perseverar e buscar vencer. Foi assim que crescemos, pois queríamos ser as melhores. Caprichávamos nas roupas, na dança... Onde é que não existe rivalidade, né? No meio do funk não seria diferente.

Quando começamos a fazer sucesso e a nossa situação financeira foi ficando mais tranquila, percebemos algumas mudanças de comportamento de alguns parceiros. Antes, quando chegávamos aos clubes, vinha o DJ, o MC local, vinha todo mundo para estar com a gente e fazer "aquela resenha" no camarim. Com o tempo, começamos a perceber que isso mudou. Alguns DJs queriam um trocado para tocar as nossas músicas, alguns MCs não cantavam de jeito nenhum nossas músicas e nem queriam mais fazer parceria com a gente. Depois ficávamos sabendo que eles não aceitavam o fato de estarmos estourando no mercado e eles não. Ouvir esse tipo de comentário me fazia mal. No fundo eu sabia que essa postura só iria destruí-los.

> Gíria usada especialmente no Rio de Janeiro, que serve para designar grupos de amigos que estão sempre juntos, além de ser um termo muito utilizado em letras de funk e para batizar os grupos de funk. Um grupo de pessoas, principalmente se for grande, é um bonde.

SOU DESSAS

Começamos a perceber que não era só entre os bondes de funk que havia esse tipo de coisa. Nos programas de TV, eu ficava encantada sempre que via qualquer pessoa famosa. Bastava aparecer na TV que eu já considerava um ídolo, queria foto, queria conversar e acabava tietando mesmo. Mas com o tempo percebi que nem todo mundo era como eu e pensava como eu.

Uma vez fui participar de um programa e lá também estava um grupo de pagode que eu achava o máximo. Cheguei toda animada, porque eu queria conhecê-los e fazer fotos, é claro, mas, quando chegamos, fomos avisados pelo produtor que infelizmente não daria para fazer fotos no camarim porque eles estavam em reunião. Lembro que achei muito profissional da parte deles fazer reunião antes de entrar no ar e tal, e até comentei com meu empresário: "Copia essa dica porque isso é muito profissional."

Daí ficamos lá na sala de maquiagem e eu comecei a perceber um entra e sai no camarim deles. Entrava todo mundo, e eu perguntei ao produtor se poderíamos fazer a foto. Ele, meio sem graça, disse que ia ver. Minutos depois o rapaz voltou e disse que os meninos iam trocar de roupa e depois me chamariam. Achei estranho, mas pensei: "Poxa, é um grupo com seis rapazes. Até todo mundo trocar a roupa, demora."

Chegou a hora de gravar, entramos no estúdio e lá no palco estava o grupo, todos sorridentes para mim, muito simpáticos, eu me sentindo "a famosa" por estar gravando com eles. Gravação vai... gravação vem... e chegamos então ao término do programa. Retornamos aos camarins e eu fui tentar fazer a minha foto com o grupo. Quando cheguei à porta do camarim deles, cadê o grupo? Fui informada que eles haviam saído direto do palco porque tinham um show em outra cidade. Que pena, eu pensei, mas achei o máximo conhecê-los.

Passaram-se alguns meses e, por coincidência, esse grupo de pagode e eu faríamos um show em um evento onde estavam vários artistas. Dessa vez cheguei mais cedo e fui procurar o camarim para tentar a minha foto. Chegando lá, adivinha? Não dava de novo pra fazer porque eles tinham que passar todo o repertório do show e estavam fazendo isso naquele momento. Fui ao camarim do meu grupo e novamente percebi a movimentação no camarim deles. Entravam

VALESCA

as fãs, entrava gente de tudo que era lugar, e então eu chamei um rapaz da produção deles e perguntei qual era o problema comigo. Para meu espanto, a resposta dele foi: "Valesca, me desculpe, mas eles não querem a imagem deles ligada a ninguém do funk."

Gente, que decepção eu senti. Mas na mesma hora respondi: "Quem não quer mais a foto com eles sou eu." Tempos depois, um menino que trabalhou com eles veio para a minha equipe e comentou comigo que eles estavam tentando "virar" outra música no mercado e que estava muito difícil, mas que eles gostariam muito de gravar uma música comigo. Eu não dei a resposta que eles mereciam, mas agradeci e disse que a proposta não me interessava.

Com a ajuda deles eu aprendi a nunca mais correr atrás de artista nenhum. Sou fã dos artistas que respeitam meu trabalho.

Eu soube que o grupo não existe mais e sumiu mesmo da mídia. Só para

"Não sou covarde, já tô pronta pro combate Keep Calm e deixa de recalque."

constar, eu sempre tive um excelente relacionamento com grupos de pagode e pretendo gravar com alguns deles. Esse grupo em especial teria sido o meu preferido se naquela oportunidade tivesse me tratado com dignidade. É por isso que eu não desejo mal a ninguém, mas não me surpreendeu o fato de eles terem sumido do mercado. Eram muito "nariz em pé", todos se achando os reis do momento.

O público acaba percebendo e desgostando. Por isso atendo muito bem a todos que chegam até mim e penso que o mundo dá muitas voltas. Quero ser lembrada como uma artista humilde que deu aos seus fãs a oportunidade de ao menos tirar uma foto.

Eu realmente comecei a ficar atenta a esses detalhes. Quando via algum ator, esperava a reação dele primeiro. Se pintasse aquele sorriso simpático ou um cumprimento gentil, eu pedia a foto; se a pessoa fingisse que nem me viu, eu também fazia a linha blasé e nem chegava perto. Aí está o ponto central da minha preocupação em atender tão bem aos meus popofãs: não quero que eles passem por nada disso comigo. Ser destratado é a pior coisa que pode acontecer.

A polêmica das mulheres-fruta

Uma rivalidade que ficou escancarada foi a das mulheres-fruta. Gente, era fruta de todo tipo. Algumas eu já conhecia, já havia trabalhado com elas. De outras eu nunca tinha ouvido falar, então a mídia começou a alimentar a tal rivalidade entre todas nós, inclusive entre elas. Confesso que eu achava isso divertidíssimo, pois eu só não tinha afinidade com duas frutas. Mas a mídia aproveitou o momento e fez tudo parecer uma praça de guerra entre todas nós.

Me preocupou um pouco ver que a briga estava ficando intensa entre os fãs. Eu via muita gente nas redes sociais xingando as meninas, pegando bem pesado. Disso eu não gostei. Chamei todos os meus fã-clubes e pedi que nenhum deles ofendesse ninguém. Uma das regras para manter o fã-clube funcionando era "sem ofensas e sem agressões nas redes sociais".

Antes de o sururu pegar fogo, cheguei a lançar uma música para elas. Aquilo caiu como uma luva para a imprensa. Na verdade, a música falava de fruta, né, mas como estávamos na "safra" delas todo mundo já entendeu o recado. De todo o coração, eu não fiz diretamente para nenhuma em especial, mas lógico que eu sabia que o alvo seriam elas. E aí deu aquele bafafá todo.

> Sururu é uma gíria para designar confusão, briga, tumulto, muvuca e bagunça.

Logo que soltamos a música, eu já imaginava que elas iriam para a mídia, que iriam responder e tal, mas isso fazia parte das provocações. Acredito que elas também gostassem dessa rivalidade, porque todo mundo aparecia mais com isso.

Eu não tinha nada a ver com o trabalho delas, mas na verdade achava que, de todas que apareceram, só duas ou três de fato levavam jeito para dançar funk. Para ser MC, só uma mesmo. As

VALESCA

outras vieram a reboque e queriam aparecer, somente, tanto que não duraram nada. Algumas foram perdendo o interesse. De todas elas, mantenho um relacionamento até hoje com a Moranguinho, a Hellen Cardoso, que além de linda é uma grande dançarina. Ela sempre soube levar as intrigas na esportiva, nunca levou para o lado pessoal, e isso fazia nossa relação ser muito boa.

Falando em Moranguinho, quando o Naldo surgiu, tentaram fazer aquele "auê" achando que fosse rolar alguma intriga entre a gente. Que nada. Eu sempre o admirei, desde que ele fazia dupla com o irmão (o falecido Lula). Sem contar que ele me dava aula de canto. Acredita? Sim, o Naldo já foi meu professor, então não tinha por que eu ter qualquer tipo de rivalidade ou problema com ele. Pelo contrário, torci demais para que ele estourasse mesmo. Quanto mais gente levar o funk para a TV, para as rádios, mais barreiras do preconceito serão quebradas.

Quando surgiram as novas funkeiras, tentaram novamente criar a história de uma rivalidade comigo. O fato é que eu e elas nunca competimos por público, por show nem por venda de CDs. A competição existe entre os fãs que não gostam dos comentários feitos nas nossas redes sociais e reagem. Nós, os artistas, pedimos que tenham calma e eles sempre nos atendem. Entre as cantoras rola uma parada bem tranquila, de sentar e tomar um cafezinho à tarde e de trocar figurinha. Estamos longe de viver toda aquela rivalidade como aconteceu na época das mulheres-fruta, quando era público e notório que ninguém se gostava.

Cada vez que vejo o funk na TV ou no rádio sinto um orgulho imenso, independentemente de quem esteja lá se apresentando. O importante é derrubar esse mito de que o funk é um som que só marginal curte. Que surjam mais e mais funkeiras e funkeiros pelo Brasil e que a estrela de todo mundo brilhe.

Quantas vezes já briguei defendendo o funk, já enfrentei troca de farpas ou brigas pela internet. Nem sempre foi por defender o ritmo, e sim por me defender mesmo. Lembro de uma vez que bati boca com um seguidor no Twitter que disse que o funk não era uma cultura. O meu sangue subiu naquele dia.

As pessoas conseguem me tirar do sério quando atacam algo que eu defendo. Uma vez a briga foi por causa de uma foto que fiz com a bandeira LGBT.

SOU DESSAS

Vieram alguns engraçadinhos ofendendo e mandando mensagens de ódio. Naquele dia eu cheguei a bloquear mais de trinta pessoas. Eu procuro me segurar, pois sei que qualquer coisa que postamos a imprensa transforma em matéria depreciativa. Tento me policiar para não me expor demais.

Mas eu já cansei de dar assunto para a mídia. Fui a uma premiação há alguns anos e contei que minha bolsa, sapato e joias tinham custado bem caro. Aquilo ficou pipocando na imprensa. Tipo: "Uma funkeira usando um look luxuoso? Como pode?" Postaram umas aspas da Sheron Menezzes falando que ela não usaria um conjunto daquele por ser muito caro, e a imprensa noticiou de outra forma. Quando li, fiquei ofendida e corri para o Twitter para dizer o que achava daquilo tudo. Pronto. O incêndio começou. Todos os canais de fofoca replicaram a minha resposta e aquilo causou um "auê" nas redes sociais.

Por sorte a Sheron e eu nos seguimos no Twitter e ela, muito educada, me explicou em público e reservadamente o que tinha dito e como foi que as coisas aconteceram. Rapidamente nós nos desculpamos e percebi que nem sempre posso responder com base em notícias que leio por aí. Nós acabamos nos encontrando e tivemos a chance de nos entendermos. Essa situação me fez admirá-la ainda mais como pessoa (além da ótima atriz que ela é).

Quem me conhece sabe que eu evito confusão. Isso não é papo! Eu sempre tenho respostas na ponta da língua, mas procuro ser controlada. Com o tempo fui aprendendo a ser mais maleável. Quando participei de um reality show, as pessoas pensavam que eu seria a barraqueira da edição, mas quem realmente me conhecia sabia que eu seria uma pessoa tranquila e de convivência fácil.

Eu não perco a razão com achismos. Se não tiver certeza do que está acontecendo, dou um tempo e observo. Mas é claro que eu não sou uma flor de pessoa quando me sinto ofendida. Se for preciso eu me imponho, falo na cara o que estou pensando. Mostro que não estou contente e exponho as minhas razões. Ahhhhh, eu vou até o fim do mundo para convencer as pessoas de que está rolando uma injustiça ou mentira.

VALESCA

O que você nunca vai ver é uma Valesca agressiva, barraqueira ou desrespeitosa sem estar coberta de razão. Eu não rodo a minha baiana em qualquer esquina, meu amor. É preciso me tirar muito do sério para isso acontecer... mas acontece, viu?

"Acredito em Deus e faço ele de escudo Late mais alto que daqui eu não te escuto."

2
REALITY SHOW

ESSA FOI UMA DAS EXPERIÊNCIAS MAIS LOUCAS QUE JÁ VIVI. Gente, vocês não têm noção do que é ficar três meses trancada, sem contato com a sua família nem com os amigos, convivendo com desconhecidos. Foi punk.

Eu sempre me imaginava dentro de um reality. Queria participar de um, viver a sensação de ficar em um local onde o Brasil inteiro pudesse me assistir e eu não tivesse noção de como as pessoas estavam me vendo. Confesso que me imaginei ganhando o grande prêmio, mas a minha principal meta na verdade era entrar e mostrar ao público quem eu era. Isso eu consegui!

A minha imagem aqui fora foi construída toda em cima do imaginário dos homens e das minhas letras polêmicas. Eu sabia que a produção do programa estava buscando "aquela Valesca" que os jornais e revistas mostravam. Não era segredo algum que o perfil que eles queriam era o da funkeira ousada e não o da mulher Valesca. Confesso que não me preparei para jogar. Eu só queria ser eu mesma, não preparei jogo nenhum na minha cabeça.

O único cuidado que tive foi diminuir o tamanho das unhas, pois eu sabia que teria contato com animais e não queria machucar nenhum. Eu sabia também das tarefas domésticas, mas isso para mim seria bem fácil.

Para ingressar nessa aventura, tive que me organizar rapidamente e deixar as coisas em casa bem acertadas. Minha mãe ficou responsável pelo Pablo, deixei as contas na mão do meu empresário e mergulhei fundo nesse lance de

VALESCA

confinamento. Antes de entrar no programa, ainda no hotel, a sensação que eu tinha era a de que as horas não passavam ou que o tempo tinha congelado. Ali você repensa toda a sua vida, tudo o que você já fez ou tudo o que poderia ter feito diferente e não fez. O bagulho é louco. Se eu soubesse que seria tão difícil, tão complicado, eu tinha me preparado uns dois meses antes, trancada sozinha dentro de um quarto de hotel.

Objeto ou situação que existe ou pode existir. Substituto para "coisa".

Quando entrei de fato no programa, encontrei pessoas conhecidas e outras nem tanto. Para falar a verdade, tinha gente ali de quem eu nunca nem tinha ouvido falar. No começo foi uma festa. Você realmente esquece rápido das câmeras e passa a viver aquilo ali. Nos primeiros dias eu não estava nem pensando em jogo. Só queria curtir, deixar as coisas fluírem. Só que eu comecei a perceber a movimentação em torno do jogo e aquilo me deixou sem saber se eu agia ou se deixava rolar.

Não adianta você entrar dizendo que não vai jogar. Você acaba sendo obrigado a fazer isso. O meu grupo tinha jogadores de peso. Minha principal estratégia era manter o grupo unido até o final, até porque tinha um prêmio extra em cima disso, e também de fazer a união das mulheres contra os homens. Fui eu quem deu a ideia de formarmos um grupo só de mulheres.

Lá dentro, eu evitava pensar na vida aqui fora. Tentava não imaginar como estaria o meu filho, a minha mãe e as minhas irmãs e meu irmão. Mas os dias passavam e a coisa ficava cada vez mais estranha. Era como se eu estivesse confinada há anos e anos sem ter notícias deles, e isso me machucava muito. Cheguei a sonhar que eu estava presa em um mundo paralelo.

Conforme o programa avançava, a casa entrou em guerra e eu sinceramente não curtia tomar as dores de lado nenhum. Na época não expliquei por que me comportava dessa forma, mas o motivo era bem simples: fulano brigava com ciclano, a casa toda ficava contra fulano, aconteciam conversas paralelas e depois de meia hora os dois já estavam se falando na boa. Logo eu entendi que não adiantava tomar partido por conta da briga de ninguém, porque no fim acabaria sobrando para mim.

Quer saber como é estar confinado? O dia parece ter muito mais que 24 horas!

A edição do programa foi bem fiel à minha realidade, mas eu queria mostrar mais coisas, mostrar que eu sou muito dedicada ao trabalho, mas aos poucos fui me entregando ao jogo...

Lá eu me descobri outra pessoa. Parece uma frase feita, mas é verdade. Uma experiência como essa muda a pessoa totalmente. Você passa a dar valor a coisas pequenas, como um bom-dia da sua mãe, um sorriso do seu filho e até mesmo a risada dos seus amigos.

Amadureci muito lá dentro, percebi que a Valesca que entrou não foi a mesma Valesca que iria sair, independentemente do resultado. Acredite: a mudança no meu estilo, no meu ritmo musical, eu comecei a fazer lá dentro. Comecei a observar o comportamento de cada pessoa que estava ali, principalmente os famosos, e entendi que, no final de tudo, de nada adiantava ter fama, ter feito o maior sucesso na vida, e não saber aproveitar isso tudo.

Percebi que poderia mudar muita coisa em mim quando vi algumas meninas lá dentro tentando a todo custo aparecer. Alguns dos rapazes só estavam ali para ganhar o dinheiro do contrato. Enfim, me liguei que havia coisas com muito mais valor na minha vida do que a fama.

Os dias de programa ao vivo eram sempre complicados. Não dava para saber quem iria para a roça ou quem iria ser eliminado, mas muitas vezes eu ouvia os câmeras conversando sobre nós atrás das paredes. Lógico que eu não podia comentar com ninguém que estava escutando; eu tinha medo de ser eliminada por isso ou de levar alguma suspensão ou bronca da produção.

Não era só eu que ouvia não. Tinha gente que demorava para fazer as tarefas dentro dos quartos porque ali podiam ouvir a conversa de toda a galera atrás das paredes. Nós sabíamos quem estava indo bem na edição e quem não estava.

Acabei beijando um participante lá dentro. Um dia, estava deitada no quarto e ouvi uma conversa. Fingi que estava dormindo e escutei o papo inteiro:

— O Dinei tá a fim da Valesca, né?

— Sim, ele tá querendo pegar ela na festa. Eu vi na edição.

Opa, aquilo foi como dica para mim. Eu estava separada na época e não vi problema nenhum nesse clima.

Aliás, quando eu estava no reality a imprensa dizia que eu estava casada com o meu empresário, mas eu havia me separado dele em 2010 e entrei no programa em 2011. Ou seja: já estava solteira havia muito tempo.

Conviver com pessoas com personalidades tão diferentes da sua é complicado. Eu tinha simpatia por algumas pessoas e antipatia por outras, o que é normal. Tinha uma que se achava a rainha da porra toda e nem era isso tudo. Eu já sabia que o meu santo não iria bater com o dela, por isso não tentei nenhuma aproximação lá dentro ou aqui fora depois que o programa terminou.

Lá dentro houve também gente me dando tapinhas nas costas e depois me detonando por trás. Mas era aquele lance: ou você entrava no jogo da pessoa ou acabava perdendo o seu jogo. Não me arrependo da maneira como joguei. Confesso a vocês que, se entrasse hoje, faria tudo igual, mas estou com uma cabeça melhor hoje em dia.

Eu convivia muito com a Raquel Pacheco, mais conhecida como Bruna Surfistinha, e sentia confiança total nela. Me abria para ela e contava coisas da minha vida, esquecendo de que estava sendo assistida por milhares de pessoas. Gostava também de curtir as festas com a Joana Machado e passei a admirar a força da Monique Evans. Compreendi os obstáculos que ela enfrentou na vida e que estava ali dando a cara a tapa.

O jogo foi cruel quando eliminaram a Duda Yankovich por ter cometido uma agressão. Assistindo aqui fora, achei que a punição foi exagerada. Pelo meu ponto de vista, aquela agressão não era motivo de expulsão. Para mim foi simplesmente um tapa dado no calor do jogo.

Nossa, aquilo doeu em todos nós. Eu torcia por ela, achava que, pela sua história de vida, pelo que ela passou, aquele prêmio era da Duda. Aquilo mexeu com todo mundo, foi triste. Parecia que a gente tinha perdido alguém em vida. Uma tristeza só.

É complicado explicar, mas lá dentro você se apega muito mais rápido às coisas e às pessoas. Ganhar um jantar era como ganhar na loteria. Tudo tinha

SOU DESSAS

um valor enorme. Quando ficávamos amigos lá dentro, era como se fôssemos amigos pela vida inteira. Era estranho.

Comecei a perceber também a preferência do público. Eu já sabia quem era querido e quem não era, tanto que muitas vezes eu nem esperava determinada pessoa voltar da roça. Dependendo de com quem ela ia, eu já sabia que não voltava. Às vezes a minha aposta era errada, claro, mas a visão que nós tínhamos era essa.

Eu passava as manhãs com os animais, o que me fazia esquecer um pouco os problemas que passávamos lá. Eu tinha medo de pirar de tanto pensar no meu filho, por isso tentava me concentrar no jogo.

Hoje em dia eu não sei se toparia ficar sem contato com o mundo. Não estou dizendo que nunca mais vou fazer isso, mas é muito duro saber que todos aqui fora estão julgando você e você nem sabe o que estão dizendo.

Quando saí, descobri que a minha família tinha se desgastado com o que viu no programa. Assim que vi a minha mãe, exausta, e o meu filho, triste de tanta saudade, fiquei pensando se valia a pena passar por tudo isso por dois milhões de reais. Quando você aceita participar desse tipo de jogo, não se envolve sozinho; é como se levasse junto todos que a cercam. Lá dentro, após a expulsão da Duda, meu grupo tinha combinado que, caso ganhássemos o prêmio extra, daríamos uma parte para ela. Na hora todo mundo topou. Não sei da parte deles, mas eu realmente queria ajudá-la. Depois acabei percebendo que alguns queriam mesmo era fazer cena para parecerem bonzinhos na edição.

De qualquer forma a minha palavra estava mantida. Eu não volto atrás quando prometo alguma coisa. É engraçado que o jogo ia caminhando para a vitória do meu grupo, e, conforme ia chegando mais perto da final do programa, as pessoas foram mudando o discurso.

Percebi que alguns dariam para trás. Lá dentro as palavras têm mais valor que aqui fora. Uma briga, mesmo que não tenha agressão física, se torna mais intensa que uma luta com tapas e socos.

> Gíria que se refere a bebida destilada.

O que falar das festas? Gente, eu me jogava mesmo! Esperava a semana toda para aproveitar. O pior para mim era tomar cerveja. Não tinha bebida quente

VALESCA

como eu gosto, mas, para não passar a festa inteira com a boca seca, o jeito era ir de cerveja mesmo.

Eu tinha a impressão de que as festas acabavam sempre muito cedo. Parecia que a produção tinha medo de alguma coisa acontecer ou tinha algum outro motivo para não alongar o horário. O fato é que, na minha cabeça, parecia que rolavam umas duas horas de festa. Passava tão rápido, mas tão rápido, que quando começava a ficar boa acabava!

Não tenho certeza se aconteceu assim mesmo, mas eu preciso contar. Não sei se tinha bebido muito ou se estava ficando louca com o confinamento, mas eu vi uma participante ficando com um dos câmeras. Foi rápido, mas eu vi o beijo. Não lembro se mais gente chegou a perceber ou se foi só impressão minha, mas que eu carrego essa dúvida comigo, eu carrego.

Quando fui para a roça com a Monique e a Joana, eu sabia que seria muito difícil passar, mas estava tranquila e achava que tinha feito meu papel dentro do jogo. Eu estava na disputa com as duas pessoas preferidas do público. Sabia muito bem da força da Monique, principalmente porque na época ela tinha milhares de seguidores no Twitter, e sabia também que a Joana era bem-vista aqui fora. Ela já tinha voltado de diversas roças e protagonizado brigas que fizeram a edição bombar.

Quando fui eliminada, fiquei aliviada por sair e ver a minha família, mas, ao mesmo tempo, senti uma tristeza enorme por não poder dar a casa que tanto queria para a minha mãe. Assim que cheguei do lado de fora, comecei a receber telefonemas e já não sabia mais como era o toque do meu celular. Fiquei sabendo que foi uma roça bem disputada e que foi preciso as duas torcidas se unirem para me eliminar. Aliás, para mim um dos erros das torcidas adversárias foi este: tinham que ter tirado uma das preferidas do público, dessa forma a outra teria mais chance de vencer. Escolheram o caminho contrário e acabaram me eliminando.

Quando saí, muita gente veio me contar que as pessoas que eu achava que eram minhas amigas lá dentro jogavam contra mim também. A mágoa que eu senti da Joana logo após a eliminação não foi pelo fato de a torcida dela ter se voltado contra mim; foi porque, em diversos momentos, ela disse que eu ficava em cima do muro e ajudando a edição construir essa imagem de mim.

Não acho que eu tenha ficado em cima do muro. Eu simplesmente não tomei partido. Mas eu joguei, sim, defendi o grupo feminino diversas vezes e lutava pelo meu grupo. Eu precisava chegar ao fim com eles para fazer a prova extra, e esse foi o meu jogo. Foi isso que me machucou na época, me fazendo ser fria com ela na última festa do programa.

Hoje em dia nós nos encontramos às vezes, pois frequentamos o mesmo salão, e já falamos sobre isso. Mas é claro que eu fiquei feliz porque a vencedora da edição foi uma mulher. Fiquei muito feliz, de verdade.

Aqui fora, tentei manter contato com alguns peões. Quando encontro com eles ainda converso, mas infelizmente cada um toma o seu rumo e o traço dos nossos caminhos é diferente. Então, o contato, que chegava a ser diário, foi ficando escasso. Consegui manter a amizade com alguns que encontro nas redes sociais ou pessoalmente. Foi uma galera que ajudou a construir uma nova etapa da minha vida, e, de certa forma, eles acabam fazendo parte disso.

Não ganhar o prêmio talvez tenha sido melhor para mim. Depois que saí do reality as pessoas tinham conhecido a Valesca que eu queria mostrar, e isso me abriu muitas portas. Vocês não têm noção de como as pessoas me paravam para dizer que adoraram conhecer a pessoa que eu me mostrei lá dentro. Até hoje elas falam disso, e já faz alguns anos.

A partir dessa época as propostas de trabalho dobraram. Passei a fazer cerca de dez shows por fim de semana. Começava na quinta e só parava na segunda. Minha agenda lotou, e em poucos meses consegui juntar o dinheiro de que precisava. Não vou falar valores, mas posso garantir que se eu tivesse ganhado o prêmio não teria mais esse dinheiro nas mãos e talvez tivesse ficado esquecida pelo público.

Passei a ser parada por crianças e até avós. Todos diziam que me adoravam, e isso me assustava. Afinal de contas, o meu público sempre foi adulto, um pessoal que gosta de funk. Eu me perguntava se estava acontecendo a mesma coisa com os outros participantes, mas aos poucos fiquei sabendo que alguns não saíram do reality com a imagem boa ou não souberam aproveitar as oportunidades que surgiram depois.

Trabalhar sempre foi o meu foco, e aproveitei o aumento da oferta para me jogar em novos projetos. Tive que administrar bem o meu tempo, mas chegou uma época em que eu trabalhava de segunda a segunda. No fim, já estava praticamente sem tempo nenhum para minha família e as coisas que eu valorizava tanto quando estava confinada.

Fiquei com receio de ser rotulada simplesmente como ex-participante de reality show. O meu medo era que me chamassem apenas para presenças VIP e esquecessem que eu fazia shows, então nós montamos uma estratégia de trabalho que priorizava os shows.

Voltar à rotina foi fácil. O que me incomodava eram as discussões entre as torcidas nas redes sociais. Era uma loucura, e eu não entendia por que, depois de tanto tempo, os fãs ainda levavam as brigas adiante. Aquilo me deixava confusa. O que aconteceu no jogo ficou lá. Acabou!

Mas eu aprendi a não cair nessas provocações. Deixava que o povo falasse e só pedia para os meus fãs não entrarem na pilha.

Hoje, analisando o que vivi lá dentro, penso no motivo de ter entrado no reality e chego sempre à mesma conclusão: tudo valeu a pena, tudo que vivi lá e tudo que colhi aqui fora. Foi melhor assim.

Foi uma experiência que, se eu pudesse, recomendaria para as pessoas que precisam repensar as suas vidas. Seria esse o conselho que eu daria: vá para um lugar sem televisão, sem internet, cuide de animais e conviva com pessoas diferentes daquelas do seu dia a dia. Tenho certeza de que isso vai mudar sua forma de pensar e agir perante o mundo.

Então, meu amor, nem sempre a vitória significa que tudo deu certo. Perder pode gerar um resultado muito melhor na sua vida, se você puder usar essa derrota a seu favor.

3
CARREIRA SOLO E "BEIJINHO NO OMBRO"

QUANDO SAÍ DO REALITY, MEU NOME tinha se tornado maior do que o do grupo do qual eu fazia parte. Lá dentro eu tinha pensado muito em mudar certas coisas na minha vida, principalmente sobre trabalho. Engana-se quem pensou que eu parti para a carreira solo pelo momento atual do funk. Eu já tinha pensado nisso em 2011.

O fato é que eu tinha muitos contratos a cumprir ainda e jamais deixaria os meus contratantes na mão, mas eu já vinha pensando há um bom tempo na carreira solo. Eu queria fazer algo diferente do que já vinha fazendo. Não tinha sentido, também, sair da Gaiola e continuar fazendo a mesma coisa em carreira solo.

Tenho um carinho enorme pela minha história com o grupo. Tenho tanto a agradecer pelas oportunidades que tive, mas tinha chegado a hora de fazer algo novo. No tempo em que fiquei no reality, criei coragem para assumir novos desafios. Aos poucos, fui mudando o que achava necessário e apostando em outras coisas. O mais legal foi ouvir do meu empresário: "Se não der certo, você volta para a Gaiola!"

Isso me motivou demais a ir em frente e tentar buscar um recomeço, então fiquei entre 2011 e 2012 analisando como seria essa mudança. Mudei não só o meu estilo musical como o estilo pessoal. A fase garota carioca já tinha passado. Agora eu me sentia madura, me sentia mulher, e queria me mostrar nessa nova fase.

A música que ia inaugurar a minha carreira solo era "Eu sou a diva que você quer copiar". Sim, era uma cutucada nas mulheres-fruta da época. Ficamos trabalhando em cima disso, inspirados nos shows da Wanessa Camargo e no trabalho que a Kelly Key fazia com bailarinos. Observávamos também as divas americanas, e então decidimos ter um balé em vez de dançarinas gostosas e saradas como a Gaiola das Popozudas. Eu queria romper com o padrão que tinha me acompanhado por tanto tempo.

Quando via os shows da Beyoncé, eu imaginava aquilo tudo que ela fazia voltado para o universo do funk. Então, procurei me espelhar mesmo nas produções dela, porque eu não queria vir com a cara da Gaiola das Popozudas; eu queria fazer algo diferente, novo, mais glamouroso e que tivesse mais a minha cara. Queria um telão de fundo, queria papel picado, queria ventilador. E as ideias foram saindo do papel...

O figurino também passou por uma transformação. Procurei deixar mais a minha cara: looks com menos brilho e um pouco mais sofisticados. Não que eu não goste de brilho, claro! Por mim entrava no palco com um LED acesso. Mas era preciso fazer uma mudança completa, então mexi nisso também.

Eu estava me preparando para gravar "Eu sou a diva que você quer copiar" quando recebemos a letra de "Beijinho no ombro". Nossa, aquilo caiu como uma luva. O destino conspira mesmo quando tem que ser! Eu sempre usei essa expressão. Tenho um amigo, o Rubinho, e em nossas conversas, por qualquer coisa soltava um "beijinho no ombro". Assim que bateu o olho nessa letra, o meu empresário me disse: "Valesca, é a sua cara!"

E lá fui eu ler e ouvir a música. Gente, eu me arrepio todinha quando conto. De cara eu sabia que aquela era a música certa. Eu não me via lançando carreira solo sem ser com aquela música. O Wallace Vianna e o André Vieira, que são os compositores, apareceram no momento certo!

Quando a música ficou pronta, vou contar um segredo a vocês: eu não gostei. Queria que tivesse outra batida, cheguei a chorar querendo que mudassem. Mas

SOU DESSAS

graças a Deus o Pardal bateu o pé e lançou assim. Se tivessem me atendido, não teria feito o sucesso que fez!

No começo eu não imaginava que fosse estourar como estourou. Um dia entrei no Twitter e vi milhares de mensagens com trechos da música, memes com a letra, mas eu não tinha certeza se tudo tinha dado certo até resolvermos gravar o clipe.

Para fazer aquele clipe eu ensaiei por três meses. Era muito cansativo e corrido ao mesmo tempo, e eu achava que nada daquilo daria certo. Ficava imaginando que o público não ia gostar e que eu estaria fazendo papel de ridícula. Cheguei a ter uma crise de estresse por causa disso.

As pessoas que trabalhavam comigo procuravam me acalmar dizendo que eu conseguiria, e eu com medo de dar errado... Deixei o pânico me dominar. Eu, até então sempre segura, comecei a achar que nada daria certo e me questionei se não tinha dado um passo errado.

Quando pensamos em fazer o clipe, analisamos tudo que já tinha sido feito aqui no Brasil, tudo que tinha sido feito lá fora e buscamos fazer algo novo e diferente. Queríamos que o público gostasse mesmo, até porque era o meu primeiro videoclipe! E o meu público merecia isso!

Olha, gente, foi muita pesquisa, muita reunião, muitas noites em claro definindo tudo que iria rolar, tudo que daria para a gente fazer e tudo o que não daria. Posso afirmar que até o último momento cortamos e acrescentamos detalhes.

Gravar com os animais foi o nosso último estágio. Acreditem ou não, foi tranquilo gravar com a Princesa (esse é o nome da tigresa). Fiquei tranquila apesar de saber que corria riscos. Um animal tem seus limites e nós precisamos respeitar, né?

Quando o clipe ficou pronto e nós fizemos o lançamento, vi minha vida mudar em questão de horas. Foi um sucesso! Eu via todo mundo divulgando no Facebook, no Twitter, e aquilo me deixou em outro mundo. Comemoramos como se tivéssemos ganhado na loteria. Em questão de dias as pessoas que torciam o nariz para mim passaram a me convidar para eventos, revistas que nunca me procuraram agora me queriam para a capa. Ou seja: um clipe e uma música mudaram totalmente a visão das pessoas sobre mim.

VALESCA

Passei a ser VIP e comecei a ser contratada para eventos da alta sociedade e a frequentar locais que até então eu jamais pensei em estar. O glamour veio com força total. Eu estava ao lado de pessoas ricas e famosas que faziam questão da minha presença e que me recebiam como se a festa fosse minha. Imagine a minha surpresa ao saber da boca de uma socialite que ela sabia todas as minhas músicas e conheceu o meu trabalho através de uma amiga e empregada que um dia teve a ousadia de convidá-la para conhecer um baile funk na favela. Detalhe: o show da noite era da Gaiola das Popozudas. Ela foi escondida do marido e de toda a sociedade, é claro, mas não esperava ser dominada pela vibe do funk, se apaixonar pela favela.

Voltando ao assunto, eu era a queridinha do high society, e o que mais me espantou foi que quase todas as dondocas me contavam histórias relacionadas ao funk, sobre as comunidades, sobre o envolvimento com moradores... Descobri que muitas delas alimentavam fantasias e tinham fetiches provocados pelo funk. Se envolver em uma história de amor e sexo selvagem era o maior dos desejos.

Nessa vivência, conheci também muita gente esnobe, que insistia em fazer comparações entre o meu trabalho e o de outros artistas que estavam no auge naquele momento. Eu não curtia esse tipo de conversa, e, entre um sorriso de deboche e um "com licença, estão me chamando", eu ia saindo no talento e deixando as pessoas falando sozinhas. Hoje eu tenho bons relacionamentos com pessoas da alta que conheci nesses eventos, um pessoal da melhor qualidade.

Gente, eu sempre trabalhei muito para ter sucesso, para conseguir me manter. Eu sonhei, sim, em ter amigos famosos, em participar das festas com pessoas que eu admirava, e lógico que queria estar em todas as revistas. Graças a Deus consegui.

No início, estar com todas aquelas pessoas foi punk. Eu tive que aprender a me controlar psicologicamente e manter o meu emocional equilibrado. Não tinha a experiência que esperavam que eu tivesse e precisei me virar no talento diante das situações que surgiam nos eventos. Uma coisa eu mantinha bem forte dentro de mim e eu me dizia: "Ué, mulher, você não pediu a Deus para um dia estar aqui? Então. Esse dia chegou. Força no megahair, se equilibra no salto 15 e vá em frente!"

Com tanta coisa acontecendo, eu tinha momentos de conflito interno. Tive medo de perder a essência, a referência da minha origem. Eu estava conhecendo a real força do dinheiro e do glamour, sabia que a grana e o poder podem mudar as pessoas, mas isso me preocupava. Eu sentia que os compromissos com aquelas pessoas tomavam grande parte do meu tempo e reduziam drasticamente a minha convivência com as pessoas que faziam parte das minhas raízes. Eu nunca esqueci que vim da comunidade e tinha orgulho da minha origem.

No meio de tanto glamour, recebi convites das maiores gravadoras do mundo, mas a maioria das propostas era só para assinar o meu trabalho e divulgar. Elas queriam era pegar o bonde andando, mas eu e o meu empresário entendemos que eu sempre fui uma artista independente. O nosso sucesso era fruto do trabalho dele e meu. Quando estourou "Beijinho no ombro", então, choveram gravadoras querendo assinar contrato comigo. Eles pensavam: qual artista não vai aceitar?

Tudo que eu sempre sonhei foi ter um CD nas lojas, não para ter lucro em cima, e sim para me realizar profissionalmente. Começamos, então, a analisar se realmente queríamos aquilo. Seria maravilhoso ter clipes, CDs e DVDs, seria maravilhoso ser uma artista de gravadora, mas, olhando para dentro de mim, para a pessoa que eu sempre fui e para o meu tipo de trabalho, eu teria que mudar e trocar praticamente tudo. Será que valeria a pena fazer tudo isso para ter um contrato?

Eu sou essa Valesca que todos conhecem. Valorizo muita coisa nesta vida, mas principalmente tenho respeito e carinho pelo ritmo que me consagrou, pelo estilo que me deu um teto para morar e pelos fãs que cativei nos 13 anos de Gaiola das Popozudas. Será que valeria a pena mesmo?

A cada reunião que era feita, uma nova situação era imposta. Eu e o meu empresário percebemos que teríamos que mudar 98% do nosso trabalho. Eles queriam ter uma espécie de controle sobre as minhas mensagens, sobre o que eu defendia e até sobre o ritmo que eu cresci ouvindo. Seria impossível! Eu estaria traindo os meus fãs e me vendendo ao mercado, coisa que não aceito jamais. Se um dia uma gravadora quiser ter no seu casting a Valesca Popozuda, vai ter que ser com a original de fábrica.

VALESCA

DRAG QUEENS são homens que se vestem com roupas femininas e usam maquiagem de forma exagerada ou caricata.

TRANSFORMISTAS são pessoas que vestem roupas do sexo oposto com intuito artístico-comercial, sem que tal atitude interfira em sua identidade de gênero.

152

TRAVESTIS são pessoas que vivem uma parte significativa do dia ou mesmo o dia a dia como se fossem do sexo oposto. O uso de hormônios e a realização de cirurgias estéticas, incluindo próteses de seios e aumento dos glúteos, são muitas vezes utilizados por travestis para aproximar o corpo ao desejado.

Bom, por enquanto prefiro continuar assim, independente, lutando e caminhando com as minhas próprias pernas. Quem sabe um dia eu consigo realizar o sonho de ter o meu CD próprio, um DVD lindo que faça os meus fãs terem orgulho de mim e outros clipes rodando por aí! Isso tudo só o tempo vai dizer, mas uma coisa eu posso garantir: estou muito bem assim e vou trazer muitas novidades em breve. Podem apostar.

Após o sucesso de "Beijinho no ombro", lançamos o clipe de "Eu sou a diva que você quer copiar". Naquela época a história nem era mais indireta para ninguém. Nós fizemos o clipe numa borracharia, remetendo ao fato de eu já ter trabalhado em uma. Eu seria uma madame que chega num conversível. Foi muito divertido gravar.

A imprensa, que esperava ansiosa pela nova música, foi à loucura quando lançamos. Queriam saber para quem era a letra. Teve jornalista afirmando por "fontes" seguras que era uma indireta para Anitta. Tanta especulação não me incomodava nem um pouco, até porque, quando fizemos a letra, a Anitta ainda não tinha estourado.

O que mais interessava para mim eram as centenas de shows de drags, transformistas e travestis que usavam a música em seus shows de dublagem e arrasavam. Ver a mulher mais uma vez se autoafirmando como poderosa e dona do pedaço e os meus popofãs aplaudindo o meu trabalho era o que me importava.

O único projeto em que eu realmente pensei cem mil vezes foi a proposta de vincular a minha imagem e música ao comercial de um produto de limpeza, mas o trabalho que fizeram, artisticamente falando, foi tão bacana que se transformou num case para mim. Claro que a campanha também ajudou a impulsionar a música ainda mais e me trouxe um ótimo retorno financeiro.

Aonde eu tinha chegado, né? Estava ali a ex-frentista sendo chamada de "diva" e até mesmo pensadora contemporânea! Sempre consciente e sabedora de que tudo que estava acontecendo era a colheita do que eu tinha semeado durante anos.

Concorri a prêmios disputando com cantores de grandes gravadoras. Eu, uma artista independente, sentada ao lado de artistas consagrados, concorrendo nas categorias Melhor música, Melhor clipe e Música chiclete. Me dá um frio na barriga só de pensar nisso tudo, como a minha vida mudou depois de "Beijinho no ombro".

4
AS DIVAS NACIONAIS E INTERNACIONAIS

QUE EU SOU APAIXONADA PELA BEYON-CÉ, todo mundo já sabe. Eu estava com o meu empresário nos Estados Unidos e nós resolvemos ir a um show dela que também seria a gravação do DVD. Compramos ingressos de boa localização e bem perto do palco, pois eu queria muito vê-la de pertinho.

Lá fui eu pagar de tiete da minha estrela maior. Casa lotada, começou o show. Eu vibrava e gritava junto com outros milhares de fãs o nome dela, mas algo de inacreditável aconteceu. Durante o show ela desceu do palco e veio andando pela plateia. Meu coração disparou. Eu não estava acreditando naquilo. Eu só desejava que ela viesse até mim. Imagine Beyoncé andando na sua direção e pegando na sua mão! Aquilo para mim significou muito. Parecia que eu estava sendo abençoada. Acabei abraçando aquela deusa e dizendo o quanto eu a amava, mesmo que ela não tenha entendido. Gente, para quem olha de fora parece tão pouco, mas quando se é fã de uma pessoa, como eu sou dela, isso significa muito!

É por essas e outras que faço questão de receber e tratar bem os meus popofãs. Sei o quanto eles me amam! Quando um deles me olha nos olhos e se declara para mim, eu sinto a mesma emoção que senti estando com a Beyoncé. Me derreto por esses meus queridíssimos tesouros.

VALESCA

De todos os shows da Beyoncé em que estive, o mais louco foi o de Brasília, na última turnê que ela fez por aqui. Combinei tudo com um amigo, compramos o ingresso, que dava acesso à pista em frente ao palco. Eu não queria saber de camarote! Queria ficar bem perto dela. Meu amigo disse que nós precisaríamos chegar cedo, pois queríamos ficar colados na grade, mas todos me avisaram que as pessoas me reconheceriam e que eu não conseguiria chegar lá na frente.

Na porta do estádio, a fila estava enorme. Imediatamente as pessoas começaram a gritar apontando para mim. A galera não acreditava que eu estava na fila esperando para ver o show da Beyoncé igual a todo mundo. Eu não me importava de estar como todos estavam. Cheguei muito animada, estava feliz e queria apenas curtir o show da minha diva.

Um grupo que estava no início da fila começou a cantar "Beijinho no ombro" e me chamou para lá, querendo que eu furasse a fila, que eu fosse ficar com eles lá na frente. A tentação foi grande. Mas eu não fui. Seria injusto com as pessoas que tinham chegado antes de mim, né?

O Rubinho, meu amigo, bolou um plano muito engraçado. Como nós iríamos ficar o tempo inteiro na fila até a abertura dos portões, ele levou desodorante, creme corporal e perfume dentro de uma mochila que seria descartada depois do show. Sem contar que ele me fez ir com uma blusa velha e guardar outra na mochila. A ideia era trocar de roupa na hora do show, passar perfume e desodorante.

Acreditem, esse era o plano para aguentar ficar na fila e pular o show inteiro sem ficar fedendo. Então, quando estávamos entrando no estádio, cantando e tirando fotos, veio uma moça na nossa direção, se identificou como sendo da produção, me cumprimentou e disse que era um prazer ter a minha presença no evento. Ela perguntou se eu estava indo para o camarote, para a pista ou para a arquibancada, e eu respondi que estávamos no setor da pista porque eu queria estar no gargarejo. Daí ela perguntou se eu não gostaria de curtir o show no lounge que a produção da Beyoncé tinha reservado para as personalidades convidadas para o show.

SOU DESSAS

Gente, que babadooo! Eu não estava acreditando naquilo. Claro que eu topei na hora! Nós entramos e eu já me senti mais pertinho dela. Foi incrível. Parecia que eu estava sonhando.

Então, essa mesma produtora perguntou se nós gostaríamos, no momento do show, de curtir na frente do palco, em uma área reservada onde daria para ver e tocar a diva. Mais uma vez, não acreditei. Nós gritamos de felicidade. Eu já não aguentava mais de tanta ansiedade.

Fomos levados para a área do show. Faltavam minutos para a Beyoncé subir no palco. Entrei na área reservada, bem na frente dela, antes da grade que separava a área VIP. O público me reconheceu e começou a gritar o meu nome no estádio inteiro. Foi uma loucura! Todo mundo gritando e tirando foto. Eu me virei pra trás e agradeci o carinho.

Só que eu não devia ter feito isso! Em segundos a produção da Beyoncé veio me buscar e disse que me levaria para outro local. Fui andando com eles e o público gritava e acenava para mim. Acabaram me levando para uma área distante do palco, bem atrás do lugar onde eu tinha comprado o ingresso. Disseram alguma coisa em inglês que eu não compreendi, mas o Rubinho traduziu para mim: "Eles disseram que você não pode ficar naquela área porque iria atrapalhar a atenção dos fãs no show!"

Gente, juro!!! Meu mundo caiu na hora. Eu comecei a pensar: "Não queria ser famosa." Estou rindo agora, mas naquele dia chorei muito. Só que eu não desisti de ficar na parte em que eu havia comprado ingresso e fui andando no meio do público até tentar chegar bem na frente e me aproximar da grade. Uma loucura. Para completar o pacote, caiu uma chuva que parecia um dilúvio.

Apesar de eu ter passado por tudo isso, o show foi maravilhoso. Como sempre, a rainha parou tudo. Para compensar, fui chamada para um after com as dançarinas dela e toda a produção. Foi simplesmente demais.

Falando de contatos com grandes estrelas, aqui no Brasil eu já vivi momentos mágicos com a Claudia Leitte e a Ivete Sangalo, duas artistas que admiro e respeito muito. São superstars que têm um poder incrível no palco. Já tive a oportunidade de subir no trio da Claudinha e sentir de perto o calor e a vibração do povo baiano no carnaval. Me apaixonei por aquilo. Fiquei emocionada por dividir um trio elétrico com a Claudinha e passei a gostar ainda mais dela. Consegui entender por que tantos fãs a admiram. A Claudia é uma pessoa incrível. Eu poderia passar dias e dias elogiando essa mulher e não conseguiria traduzir a pessoa que ela é. Somos parceiras e amigas. Falei que gostaria que ela dividisse uma faixa comigo e apresentei a Música "Sou dessas". Ela disse na hora: "Perfeita! Temos que gravar."

Gravar com a Claudia Leitte me fez ver que tudo que sonhamos pode se realizar. A música ficou incrível e acabou entrando na trilha da novela *A regra do jogo*. Era o tema da galera da comunidade, e esse núcleo tinha como estrela a minha amiga Susana Vieira, que interpretava a personagem Adis Abeba. Eu já tinha uma admiração monstro pela Claudinha, e agora tenho muito mais. Eu tinha que dividir isso com vocês. Claudinha, eu te amo.

Pela Ivete eu tenho uma admiração de discípula pela mestra. Ela é um ícone do Brasil no mundo. Quando cantei pela primeira vez com ela, foi incrível. Eu tinha ido assistir ao show e ela me convidou para subir no trio, passou o microfone para as minhas mãos. Gente, que mulher é essa? Que artista faz isso pelo outro? É raro ver tanta humildade.

Na primeira vez que fiquei perto da Ivete, eu tremia feito vara verde. Acabei caindo no choro. Foi emoção pura. Depois disso, quando ela me convidou para puxar a Quarta-Feira de Cinzas com ela em Salvador, o meu coração veio até a boca e voltou. Só quem já esteve no carnaval de Salvador sabe do que eu estou falando. Subir no trio da Ivete e ainda participar do arrastão é fora do comum. Só tenho a agradecer a ela e ao Dito! O que mais eu posso falar? Ivete, você é maravilhosa.

Eu poderia relatar aqui diversos encontros fantásticos que vivi. Foram tantos com pessoas tão incríveis que eu prefiro não falar. Tenho medo de esquecer alguém e isso não seria justo!

parte 6

NO BATIDÃO

1

AS LETRAS MAIS POLÊMICAS

QUANDO RECEBI O CONVITE PARA SER vocalista do grupo Gaiola das Popozudas, eu já tinha como base que o papel da mulher dentro do movimento funk era limitado a sermos dançarinas e coadjuvantes dos MCs. Lógico que já existiam grandes MCs mulheres, que, aliás, estavam no auge.

Logo no início, algumas músicas falavam de amor, falavam de liberdade para o funk e outras desvalorizavam a mulher. Eu sentia falta de letras que nos empoderassem dentro do funk, que fizessem de nós as rainhas do baile, as dominadoras na cama e mostrassem para os homens que eles nada mais eram do que meros objetos sexuais. Fazer os caras sentirem na pele como era ser tratado e olhado desse jeito.

Depois que topei encarar a ideia de ser cantora de funk, o Pardal, que me deu aquele empurrãozinho para começar a cantar, sentou comigo e me explicou que seria um caminho difícil de percorrer. Ele perguntou se eu topava o desafio, mas eu já tinha sentido o gostinho de ser cantora e do poder que a minha mensagem poderia ter sobre as mulheres, então não pensei duas vezes: começamos a analisar letras para serem gravadas. Como o funk naquela época falava sobre todos os assuntos, resolvemos ir pelo caminho contrário e entramos no mundo do Proibidão e das letras que davam à mulher a posição de donas do pedaço.

VALESCA

Gente, quando eu paro para lembrar como eu fui julgada por ter entrado no funk, passa um filme na minha cabeça. No início era muita coisa para entender e assimilar, além do risco que corremos ao tentar fazer o público perceber aquele tipo de mensagem. Mas não teve jeito: o funk que eu cantava na época estava nas minhas veias, na minha alma, e eu sabia que, nos bailes das comunidades do Rio, nas rádios das favelas, era aquilo que tocava. Daí eu fui fundo, acreditei e criei meu próprio espaço.

Então, no começo, eu tinha um desafio junto com meu empresário, que era o de compor nossas primeiras músicas. Para algumas delas nós contamos com a ajuda de um grande incentivador, uma pessoa a quem eu sempre agradeço por tudo, um homem diferente, sem o qual eu nunca teria conseguido chegar até aqui. O meu amigo Mr. Catra. Diga para mim se eu poderia ter parceria melhor para minha primeira música?

Então, entre muitas risadas e muita farra, nós escrevemos a música "Vai mamada". A música já começava com gemidos, e a letra dizia: "Eu vou tocar uma siririca e vou gozar na tua cara." Nessa época eu ainda não era nem conhecida, ninguém sabia da minha existência, mas com a música pronta e a armação do Pardal para que eu começasse a cantar na Gaiola das Popozudas, acabei me apresentando no baile do Clube Paratodos da Pavuna.

Depois disso, eu estava passando nas ruas do meu bairro, voltando do trabalho, quando ouvi gritarem de longe: "Vai mamada!" Eu não entendi bem e fui para casa. Mais alguns dias, onde eu passava as pessoas gritavam: "Vai mamada!" Quando cheguei ao ensaio, meu empresário veio me dizer que a música estava sendo tocada por muitos DJs nos bailes e que o pessoal já estava perguntando quem cantava.

Foi então que o Mr. Catra começou a levar a gente para fazer as aberturas dos shows dele. Era uma loucura. Nós íamos de Kombi do Rio até São Paulo, às vezes não havia nem banco para sentar. Foi um início muito difícil, mas também divertido.

Desde o início havia aqueles que criticavam. Ouvi todo tipo de comentário: que estávamos querendo aparecer, que aquele tipo de funk era inaceitável para qualquer pessoa ouvir. Isso na verdade só me dava mais forças para continuar. Eu sabia que, se estava incomodando, era porque estávamos sendo ouvidos.

SOU DESSAS

Todo mundo questionava muito, muito mesmo. Jogavam baixo, perguntando se eu não pensava no meu filho, se não pensava que, quando ele crescesse, poderia entender o tipo de música que a mãe cantava. Sinceramente? Isso me preocupou, sim. Passei muito tempo pensando na opinião alheia. Eu era novata na música e frágil às críticas. Eu me sentia culpada sem ao menos ter culpa. Quantas vezes sofri por antecedência por algo que eu nem sabia se iria acontecer de fato.

Era horrível ver as pessoas me julgando sem saber como eu era dentro de casa e como mãe, mas eu me mantive forte. Sabia que aquilo poderia dar certo e também poderia não dar, claro. Eu trabalhava de dia em um posto de gasolina e à noite saía para fazer show. Gente, era cansativo, era dolorido sair e deixar o meu filho, bebê ainda, com a minha mãe.

Ao mesmo tempo, lá no fundo algo me dizia: "Valesca, não desista. Vá firme." Eu sabia que estava ficando conhecida no Rio, e aquilo me motivou a pedir ao Pardal que fizesse uma música retratando uma mulher que fosse para o baile buscar o seu homem, mas não podia ser simplesmente um homem: tinha que ser um símbolo sexual. Eu disse a ele que essa mulher era poderosa o suficiente para arrumar um cara, ter uma noite de amor com ele e cair fora.

Passados alguns dias, ele chegou pra mim e disse que a música estava pronta. Ele me mostrou este trecho: "Eu vou pro baile procurar o meu galã, vou subir no palco ao som do tamborzão." Nem terminei de ler e já pedi para colocar na letra: "Eu vou pro baile procurar o meu negão." Afinal de contas, eu queria que quem ouvisse a música soubesse o que a mulher estava buscando.

E então ele me apresentou a letra com as mudanças necessárias. Fico até emocionada quando lembro. Eu sempre soube que essa música seria um dos meus hinos. Foi nesse momento que surgiu "Sem calcinha".

Eu vou pro baile sem calcinha
agora eu sou piranha e
ninguém vai me segurar!
Daquele jeito

Eu vou pro baile procurar o meu negão
Vou subir no palco ao som do tamborzão
Sou cachorrona mesmo e late que eu vou passar
Agora eu sou piranha e ninguém vai me segurar
DJ aumenta o som!

No local do trepa-trepa eu esculacho a tua mina
No complexo, no mirante ou no muro da esquina
Na primeira tu já cansa eu não vou falar de novo
Ai, que piroca boa bota tudo até o ovo

Gaiola das Popozudas agora vai falar pra tu
Se elas brincam com a x#r#c@
eu te dou um chá de c*!

Eu queria andar na linha tu não me deu valor
Agora eu sento soco soco faço até filme pornô
Gaiola das Popozudas agora vai falar pra tu
Se elas brincam com a x#r#c@
eu te dou um chá de c*!

 Eu simplesmente assumi de vez o funk proibidão. Não pensem vocês que foi fácil estourar essa música. Nada foi fácil. Nós saíamos com o CD debaixo do braço pedindo para tocar em todo lugar, começamos a distribuir para todos os DJs. Os que eram nossos amigos já começaram a fortalecer, mas eram muitos os DJs que diziam não.

 Foram muitos nãos no meio da cara, tantos que eu não seria capaz de mensurar exatamente quantos ouvi no início da carreira, mas eu e o Pardal seguíamos pedindo para tocar a música. Muitos simplesmente pegavam o CD na mão, olhavam e diziam: "Não dá."

 Certo dia fui a um grande baile de comunidade onde um DJ amigo era o residente. Esse cara me colocou para falar com um DJ famoso, que era a atração

SOU DESSAS

naquela noite. Ele tinha um programa de rádio conhecido e me deu a maior atenção. Disse que iria ouvir; se a música fosse boa, ele tocaria no programa e nos daria a resposta ainda naquela mesma semana. Poxa! Eu agradeci e deixei o palco com uma emoção gigante no coração, como se fosse explodir. Eu sabia que um sim daquele cara era o sim para o sucesso.

Quase no fim do baile, o DJ nosso amigo, que tinha nos apresentado ao DJ famosão, veio com o nosso CD e disse: "Segura aí que aquele FDP, depois que você virou as costas, jogou teu CD no lixo."

A parada é insistir e jamais deixar de ter força, garra e perseverança. Depois de muito tentar com os DJs das rádios, começamos a tocar nos grandes programas, e a nossa agenda de shows dobrou. Foi então que eu larguei meu antigo emprego e passei a me dedicar somente à Gaiola das Popozudas, sempre lançando músicas com a nossa pegada e marca registrada.

Os homens, claro, ficavam loucos assistindo a um grupo feminino falando abertamente sobre sexo em suas músicas, e as mulheres, que eu achei que poderiam me virar as costas, começaram a me ver como sua representante no palco, na sociedade e no movimento funk. Comecei então a pedir que as próximas músicas viessem mais ousadas ainda, com uma pegada feminista forte, provocativa, colocando a mulher acima do homem e mostrando o quanto a figura feminina é guerreira e mais decidida. Eu poderia passar este capítulo inteiro citando as músicas polêmicas do começo. Tivemos "Ô Darcy", "Vem, neném" e "Vem, Cristiano".

O mais interessante é que "aquele" DJ famosão passou a tocar as minhas músicas e fazia comentários no ar sobre a grande revelação do funk, a responsável pela influência no comportamento da nova mulher brasileira.

Nessa época nós já tínhamos um público fiel, que esperava letras bem diretas, de conteúdo pesado, dentro do que ainda era chamado de proibidão, mas começamos a receber convites para ir a rádios e programas de TV, então começamos a fazer dois tipos de letras. Tínhamos as versões light e os proibidões, que tocavam nos bailes.

Eu via nos olhos das pessoas da plateia a expectativa de que a qualquer momento eu fosse me confundir e cantar o proibidão no lugar da letra light, e confesso que eu ficava tensa... Em muitos dos programas o horário não permitia. Na versão light, "Sem calcinha" virou "De sainha":

> Eu vou pro baile, eu vou pro baile, de sainha
> Agora eu sou solteira e ninguém vai me segurar
> Daquele jeito
> De, de sainha
> Daquele jeito

Eu gravava rápido a letra da versão original, o proibidão, e demorava a gravar a letra da versão light. Como eu já tinha na cabeça a letra do proibidão, achava complicado no começo mudar a letra. Mas eu nunca errei. Sabia certinho quando era para cantar uma ou outra.

Outra história interessante é a de como nasceu uma das músicas de que eu mais gosto, que é "Late que eu tô passando". A minha carreira estava começando a andar quando eu reencontrei um rapaz da minha comunidade de quem eu tinha gostado muito. Ele tinha me dado um toco. Sabe aquele tipinho que fica com todas as meninas do bairro? Pois é, ele nunca quis ficar comigo.

LEVAR UM TOCO é o mesmo que levar um fora.

Na época em que eu tomei o fora, me senti a pior pessoa da face da Terra. Eu pensava que devia ser muito estranha. Um belo dia, eu estava passando na rua e ele, cheio de pompa, mexeu comigo. Aquilo realmente levantou o meu ego, mas na mesma hora tinha uma cachorrada na rua latindo para mim.

Gente, foi incrível. Eu me empinei toda e dei aquela esnobada nele. Pronto: o troco estava dado e o futuro refrão da minha música estava criando: "Late, late, late que eu tô passando."

Essa música me deu um imenso prazer e, para minha sorte, entrou na trilha sonora da novela *Beleza pura* como tema da personagem da belíssima Ísis Valverde. E ninguém imaginava que ela era um troco indireto para um carinha.

SOU DESSAS

Fica de quatro, balança
O rabo, me dá a patinha, bota a linguinha pra fora e
Late, late seu cachorro... Late que eu tô passando!

Late, late... Late que eu tô passando, vem
Late, late... Dá a patinha, vai, vem!
Late, late... Late que eu tô passando, vai
Late, late...

No passado me esnobava, agora tá me cantando
Seu comédia, seu xarope
Agora late que eu tô passando, vai

Late, late... Late que eu tô passando, vem
Late, late... Dá a patinha, vai, vem!
Late, late... Late que eu tô passando, vai
Late, late... Toma ração, toma ração, vem!!
Me chamava de magrela
Vivia me esculachando
Seu cordão é uma coleira
Vem cachorro, eu tô chamando

Então... Late, late... Late que eu tô passando, vem
Late, late... Toma ração, toma ração, vem!!
Late, late... Late que eu tô passando, vai
Late! Fica de quatro... Toma, toma, toma... Toma
Cachorrinho. Toma!

Gaiola das Popozudas não aceita palhaçada
Se o cara é abusado, nós metemos a porrada
Ele tomou uma coça, mas não tá adiantando

VALESCA

Dá ração pra esse otário
Agora late que eu tô passando

Vai... Late, late... Late que eu tô passando, vem
Late, late... Dá a patinha, vai, vem!
Late, late... Late que eu tô passando, vai
Late, late... Toma ração, toma ração... Vem!

A sorte estava lançada. O meu filho já entendia as coisas, e aquela dúvida sempre batia: como ficaria a cabeça do meu filho quando as pessoas preconceituosas comentassem com ele sobre as minhas músicas? Eu estaria preparada para enfrentar todos que tentassem interferir no pensamento dele e voltá-lo contra mim?

Sim, esse foi um medo que eu passei, mas sabia em quem me fortalecer, então sentei com minha mãe e desabafei. Contei toda a aflição que estava sentindo e toda a preocupação que rondava minha cabeça e tirava meu sono. Ela me disse para encarar a situação de frente.

Não foi fácil. Nunca senti, em nenhum momento, que tinha feito algo de errado na vida, mas não era impossível que pessoas com maldade no coração destilassem o seu veneno e tentassem mexer com a cabeça do meu filho.

Não dava para blindar o Pablo contra certos comentários. Chegaria um momento da vida em que ele teria que se defender sozinho das investidas das pessoas que não têm mais o que fazer a não ser atacar quem tem um propósito.

Eu sabia o que estava acontecendo e precisaria estar pronta para isso. A Gaiola estava conhecida, eu estava nos programas de TV e rádio, a agenda de shows estava lotada e eu mergulhava de cabeça no trabalho, tentando ao mesmo tempo achar uma forma de falar com ele e ensiná-lo a se defender sem confundir a sua cabecinha.

Mas graças a Deus o meu filho tem uma cabeça maravilhosa, é meu fã de carteirinha e entende perfeitamente o trabalho que a mãe dele faz.

Os machistas de plantão continuavam dizendo que as mulheres estavam sendo banalizadas e que eu era má influência para elas. Uma vez eu parei um show e perguntei a elas: "Vocês se sentem constrangidas com o que eu canto?" E foi em peso que veio a resposta: "NÃOOOOOOOOO." E eu disse: "A minha próxima música vai ser para mostrar o poder que nós temos no meio das nossas pernas. Vamos provar para os machões que mulher também sabe falar de sexo e dominar um homem na cama."

Depois disso, passei dias nas ruas conversando com as verdadeiras donas do poder. Reuni muitas garotas de programa, perguntei a elas qual a melhor forma de levar o poder que elas tinham para dentro da música. Com tudo o que ouvimos, criamos "My pussy", que tem uma letra bem forte e polêmica:

Na cama faço de tudo
Sou eu que te dou prazer
Sou profissional do sexo
E vou te mostrar por quê

My-my pussy é o poder
My-my pussy é o poder

Mulher burra fica pobre
Mas eu vou te dizer
Se for inteligente pode até enriquecer

My-my pussy é o poder
My-my pussy é o poder

Por ela o homem chora
Por ela o homem gasta
Por ela o homem mata
Por ela o homem enlouquece

Dá carro, apartamento, joias, roupas e mansão

VALESCA

Coloca silicone
E faz lipoaspiração
Implante no cabelo com rostinho de atriz
Aumenta a sua bunda pra você ficar feliz

Você que não conhece eu apresento pra você
Sabe de quem eu tô falando?

My-my pussy é o poder
My-my pussy é o poder

Na época que lançamos essa música, a internet já caminhava no Brasil. Era Orkut e Flogão. Eu vi esses canais explodirem. Era mensagem de tudo quanto era canto, muita gente comentando contra ou a favor da letra. Eu recebia mensagens de garotas de programa que moravam fora do Brasil e diziam que agora tinham uma música que as representasse, assim como recebia mensagens de pessoas ligadas a igrejas que nos condenavam e diziam que a minha passagem para o inferno estava garantida. Foi assustador ver a proporção que essa música tomou.

Meu empresário ficou preocupado com o rumo que as coisas poderiam tomar e me chamou para uma reunião em que falamos somente sobre essa música. Confesso que não fiquei preocupada. Já estava cansada de ouvir músicas em que os homens rebaixavam as mulheres de uma forma que me ofendia muito mais do que um funk que dizia que a *pussy* tem o poder.

Mas, de qualquer forma, precisava ouvir o que ele tinha a dizer, né? Então ele questionou se eu estava pronta para as críticas e julgamentos que estavam por vir, e eu disse que já esperava por isso. Na minha vida, nunca dependi de ninguém, nem vivo da opinião alheia. Ele me olhou nos olhos, me encarou por alguns segundos e disse: "Fiz a escolha certa da vocalista do grupo Gaiola das Popozudas. Parabéns pela sua posição."

Eu então comecei a procurar mostrar nos meus funks apenas a realidade das mulheres, e com isso veio uma das minhas letras mais fortes, que na verda-

SOU DESSAS

de é a história de uma pessoa que era bem próxima a mim na época. Eu tinha uma conhecida que sempre aparecia com alguns machucados ou hematomas e dava desculpas diferentes para aquilo: "bati na porta", "tropecei", "escorreguei", "dei com a cara na parede", "caí no banheiro", coisas desse tipo. Nós nunca acreditávamos.

Eu já imaginava que ela estivesse sendo vítima de violência doméstica e que sofria calada dentro de casa. Mas um belo dia eu não suportei vê-la mentir mais uma vez e resolvi pressioná-la para saber a verdade. Sentei com a mulher e coloquei as cartas na mesa. Foi um dos papos mais tristes e o relato mais estarrecedor que eu já ouvi.

Ela era humilhada pelo marido constantemente e se sentia desprotegida. Temia que, se tomasse alguma atitude, poderia colocar a vida dos filhos em risco. Ela não tinha para onde ir com as crianças e, apesar de todo o sofrimento, ainda nutria um sentimento de amor pelo pai dos seus filhos.

Ela se abriu comigo de tal forma que eu me senti na obrigação de fazê-la acordar para a realidade e não ficar inerte em uma situação por causa do medo das ameaças do troglodita que dormia ao seu lado. Tudo que ela temia estava mais próximo de se tornar realidade com ela e as crianças morando debaixo do mesmo teto que aquele monstro. Então a convidei para tomar uma atitude naquele exato momento, e ela aceitou. Eu a coloquei dentro de um táxi e nós duas fomos para a delegacia da mulher, onde ela contou todas as atrocidades que o marido fazia dentro de casa.

Depois daquela atitude, ela conseguiu se livrar do agora ex-marido. Tempos depois eu a encontrei e fiquei muito feliz, pois a minha amiga estava livre, vivendo bem como profissional do sexo e ainda tendo uma linda história de amor com um bofe que entendia o seu trabalho. E adivinha só quem havia se arrependido de todos os erros e estava correndo atrás dela? O próprio!

Mas aí já era tarde demais. Demos muita risada e eu prometi a ela que faria um funk em sua homenagem. Foi então que veio uma das minhas músicas mais fortes, relatando a agressão física contra a mulher: "Agora eu virei puta".

VALESCA

Só me dava porrada!
E partia pra farra!
Eu ficava sozinha, esperando você
Eu gritava e chorava que nem uma maluca...
Valeu, muito obrigado, mas agora virei p*t@!

Valeu, muito obrigado, mas virei p*t@!
Valeu, muito obrigado-gado-gado...

se-se-se-se-se-se-se-se uma tapinha não dói..
eu-eu-eu-eu-eu-eu-eu-eu falo pra você...
segura esse chifre, quero ver tu se f$d#r!
segura esse chifre, quero ver tu se f$d#r!
segura esse chifre, quero ver tu se f$d#r!
segura esse chifre-chifre-chifre...

Eu lavava, passava
Eu lavava, passava...
tu não dava valor
tu não dava valor...
agora que eu sou p*t@ você quer falar de amor.
agora que eu sou P*T@ você quer falar de amor.
ago-agora que eu sou P*T@-P*T@-P*T@

só-só-só-só-só-só-só-só me, só me dava porrada!
e partia pra farra!
eu ficava sozinha esperando você...
eu gritava e chorava que nem uma maluca!
Valeu, muito obrigado, mas virei p*t@!
Valeu, muito obrigado, mas virei p*t@!

SOU DESSAS

Eu poderia incluir aqui a letra na versão light, mas quero mostrar a você a versão original, nua e crua. Quando a música estourou, foi sensacional. Eu recebia no meu camarim, após o show, mulheres que diziam ser vítimas de violência doméstica e que em dez minutos de conversa comigo se decidiam e saíam determinadas a tomar uma atitude contra os agressores, que geralmente eram maridos, namorados... Os piores relatos eram aqueles em que a agressão vinha dos filhos.

Mas a música provocou muito a sociedade e tocou fundo nas mulheres. Muitas me procuravam para agradecer, pois já haviam tomado a atitude. Foi um sucesso. Nos bailes, as pessoas dançavam muito e zoavam nas baladas, mas, apesar das críticas com relação ao conteúdo e dos palavrões pesados, eu estava tranquila, porque tinha a certeza de que havia passado o meu recado.

Eu recebi muitas críticas e achava que a sociedade me condenava pela coragem de cantar a história de uma mulher que preferiu ser puta a depender de um homem que a agredia e a tratava como um objeto sexual. Para minha surpresa, um dia, ao abrir meu e-mail, vi inúmeros pedidos de entrevistas de jornais e emissoras de TV. Queriam agendar encontros para falar da história da música, do sentido da letra. A partir desse momento eu não tive mais dúvidas de que estava levando a voz da nova mulher brasileira de dentro do funk para a mídia nacional.

Para mim, como já falei, feminista é a mulher que realiza os seus sonhos e desejos, não os da sociedade.

Claro que, como já mencionei, tivemos que adaptar a letra e trocar o "puta" por "absoluta". Pessoalmente eu não vejo problema algum na palavra "puta", que para mim significa fazer da sua vida sexual o que você quiser. A letra na versão light ficou assim:

Só me dava porrada!
E partia pra farra!
Eu ficava sozinha, esperando você
Eu gritava e chorava que nem uma maluca...
Valeu, muito obrigado, mas virei absoluta!

VALESCA

Valeu, muito obrigado, mas virei absoluta!
Valeu, muito obrigado-gado-gado...

Quando chegava aos programas de TV, eu, que nunca fui boba, notava que era malvista e preterida por muitos colegas artistas (e ainda sou). Eles sutilmente evitavam tirar fotos comigo nos bastidores, falavam o estritamente necessário e alguns não permaneciam no mesmo ambiente. Sei que muitos foram orientados pelos produtores e empresários (grandes babacas) que não queriam ligar a imagem do artista à minha. Aquilo me deixava irada e me dava até certa tristeza, mas, quando entrávamos no estúdio e começávamos a gravar os programas, aí então já na frente do apresentador e da plateia, tudo mudava. Os tais artistas puritanos me tratavam com simpatia e sorrisinhos, tudo muito falso. Me dava nojo.

Um caso interessante aconteceu quando eu estava participando de um programa dominical de grande sucesso. Eu e a minha produção estávamos no camarim quando uma modelo famosa na época entrou para dividir o espaço comigo. Ela era mulher de um famoso jogador de futebol, ídolo de multidões, inclusive meu, e ela me contou que ele a tinha alertado para ter cuidado comigo, que ele não queria a imagem dela ligada à minha. Mas eu percebi que ela estava feliz por estar comigo e que admirava o meu trabalho e a coragem de cantar músicas com as mensagens que as mulheres queriam exprimir.

Ela me pediu conselhos e opiniões. Quanto mais eu dava atenção, mais entusiasmada ela ficava. Eu já havia percebido que, no fundo, ela estava querendo usar todos aqueles exemplos para si mesma. Quando entrei na questão de as mulheres deixarem de usar como exemplo as situações de terceiros e rasgarem o verbo e revelarem o que acontece na real, ela, muito emocionada, me relatou que estava farta do comportamento do seu marido dentro de casa. Ela contou que sofria agressões constantes e que tinha que aguentar tudo calada, porque era ameaçada por ele, e que a sua carreira de modelo não decolava porque ela se limitava a trabalhar dentro das regras que ele impunha.

Não preciso dizer que em menos de uma semana estava estampada nos jornais a separação do casal. A modelo colocou o jogador na justiça e reclamou

SOU DESSAS

todos os seus direitos. Depois disso, já recebi mensagens dela me marcando em viagens de trabalho por diversos países.

Quanto aos artistas que me ignoravam no camarim, muitos deles não conseguiram se manter no mercado e sumiram, apelaram até para músicas de letras eróticas. Que ironia, não? Até hoje eu recebo convites para participar de DVDs e shows, mas esse prazer, meu bem, eu só dou aos amigos que têm carinho verdadeiro por mim e que eu admiro de verdade.

Já ouvi tantos desabafos de mulheres conhecidas e famosas, que se fosse relatar todos aqui para vocês, eu iria escrever quinhentas páginas e, é claro, acabar com muitos casamentos de fachada que existem por aí. Infelizmente nós vivemos em uma sociedade que idolatra quem finge ser bom e crucifica quem fala a verdade, como eu faço nas letras dos meus funks.

Se tem uma música que gerou polêmica na época quando foi lançada foi ''Quero te dar''. Quando fizemos a letra eu achei até normal, não vi nada de mais. Perto das outras eu achava essa superlight. Veja a letra e depois eu comento sobre a polêmica:

Amor, tá difícil de controlar
Há mais de uma semana
Que eu tento me segurar

Eu sei que você é casado
Como é que eu vou te explicar?
Essa vontade louca
Muito louca
Eu posso falar?
Quero te dar!
Quero te da, da, da, da, da, da, da, da, da
Quero te dar, quero te dar
da, da, da, da, da, da, da

VALESCA

> Meu nome é Valesca
> E o apelido é Quero Dar
> da, da, da, da, da, da, da, da
> Ai que vontade louca
> Ai que vontade louca
> Ai que vontade louca
> difícil de controlar

Eu sinceramente nunca achei que essa música fosse virar pauta e dar a dor de cabeça que deu. E o problema estava na frase "Eu sei que você é casado".

Gente, para! Quer dizer que homem casado trair é normal, mas a mulher querer um homem casado não pode? Traição é traição.

Eu não quero dizer que concordo com alguém que trai o seu parceiro, mas quase sempre é o homem casado que procura as mulheres, de preferência as solteiras. Nós, solteiras, somos uma espécie de ímã para os homens casados, e o mais engraçado é que os caras vão para a pista caçar, colocam chifre nas mulheres e saem como os heróis da situação. Depois a amante leva a culpa e a fama de puta.

E quando a mulher solteira é do tipo ingênua, a popular "lesada", que se envolve, se apaixona e nem sabe que é uma amante e um dia é surpreendida pela esposa, que descobriu tudo?

Ahhh!!! Tem mulher casada que, mesmo tendo todas as provas de que o marido é um canalha insiste em acusar e insultar a outra... Tinha era que juntar as duas e dar uma boa lição no cara, dentro da lei. Arrancar até as calças dele!

Tivemos muitos pedidos para alterar a letra na parte do "casado", mas eu não quis mudar e não mudei. Era apenas uma vontade, um fetiche feminino revelado na música. Ao contrário do que muitos pensam, essa música não foi indireta pra ninguém. Hahahahaha! O ponto máximo da repercussão foi quando, ao participar do Programa Silvio Santos, eu estava tensa porque ia ficar frente a frente com esse monstro da TV, mas ele foi um fofo, divertido e muito do "serelepe". Me pediu para cantar um trecho da música e eu cantei, é claro. Senti que ele gostou e se divertiu.

SOU DESSAS

Daí veio a ideia de fazer uma letra em que eu mesma desse uma resposta para a música "Quero te dar", invertendo o foco da polêmica. Aí o Pardal resolveu fazer "A foda tá liberada". Hahaha! Eu curti por saber que agora teríamos uma letra falando de forma generalizada sobre a questão do sexo, e isso me deu uma visão ampla sobre o comportamento dos gêneros, com o masculino sempre desejando dominar o feminino. Foi assim que demos o recado:

Acenda a luz vermelha
Acenda, acenda a luz vermelha
Acenda a luz vermelha

Hoje aqui, uísque, energético, champanhe
e o melhor de tudo:
A f$d@ tá liberada
Ei, ei, ei, ei, ei
A f$d@ tá liberada

Aqui no baile funk
O DJ tá tocando
E começa a cachorrada
Aqui no baile funk
O DJ tá tocando
E começa a cachorrada

Chama ele, chama ela, chama o Rei da madrugada

Essa música não gerou polêmica nenhuma. Por que será, hein?

Todo mundo aceitou e ficou tudo resolvido. É estranho como funciona a cabeça das pessoas. Quando escrevíamos as músicas, além de pensar no funk e em quem gosta de funk, nós tínhamos que pensar também no que as pessoas de fora do movimento funk achariam.

VALESCA

Só que eu não me limitei. Vieram muitas outras músicas, e todas acabavam virando polêmica, mas nenhuma repercutiu tanto quanto um pagode que gravei com a participação dele, o Papa do Funk, o meu parceiro Mr. Catra.

Quando ouvi a composição pela primeira vez, eu estava no aeroporto com um amigo e com meu empresário. Lembro que minha primeira reação foi rir. Fiquei atônita e sem saber o que falar. Eu já sabia que, no momento em que gravasse aquela música, eu deveria estar pronta para levar pedrada de todo canto. Realmente essa música, de todas as que tínhamos gravado, era uma das mais provocativas. Vou mostrar aqui a versão light (eu acho essa letra muito linda).

Muita polêmica. Muita confusão
Resolvi parar de cantar palavrão
Então, por isso, negão, vou cantar essa canção

Quando eu te vi de patrão, de cordão,
de R1 e camisa azul
Logo eu me apaixonei, percebi que você
já não era mais um
Eu sei que você já é casado, mas me diz o que fazer?
Porque quando o amor bate forte é que
vem a vontade de dizer!

(Refrão)
Ama
Me ama de verdade
Ama
Me leva hoje para sua cama
Eu preciso de você, minha vontade é te dizer

E aí, Catra? Tô morrendo de saudades!
Qual vai ser? Manda o papo, negão!

SOU DESSAS

[Mr. Catra]
Quando eu te vi no portão, de trancinha,
tamanco e vestido azul
Logo percebi que era amor, porque ali logo vi
que não era comum
Pedi o telefone e um abraço,
mas eu fiquei sem entender
Porque quando o amor bate forte
vem a vontade de dizer

Ama
Ama com vontade
Ama
Me leva hoje para sua cama
Ah! Maravilha!

A música foi lançada com um aviso de "proibido para menores de 18 anos". Nós tivemos essa preocupação, pois o público adolescente já era bem presente. Nesse trabalho foi a única vez que eu quis fazer algo que me divertisse e não fosse nada mais que isso, mas nós sabíamos que a letra era pesada e acreditávamos que ninguém iria querer cantá-la.

Quando fiz o meu primeiro show após o lançamento da música, ela não estava incluída no repertório. Para minha surpresa, ao encerrar a noite, os fãs puxaram o coro cantando essa música. Eu voltei e fiz o bis pra galera. Bom, o show seguinte era para o público classe A. No meio do show, ouço o público pedindo a música. Parei e não acreditei que aquilo estava acontecendo. A música estava estourada e todo mundo curtia.

Reservei outra música para o final deste capítulo entre todas que fazem e fizeram parte da minha história. Ela virou um hino para o público LGBT. Na verdade, a letra não tem ligação alguma com eles, mas nas boates gay eles cantam a música, fazem shows de dublagem (que eu acho o máximo). Toda vez que vou fazer algum show para esse público é uma das músicas mais animadas e mais cantadas até hoje: "Fiel é o caralho".

E aí, sua encubada,
se liga, hein, você fala que é fiel,
fica cheia de gracinha,
mas eu já te dei um papo, que a p/.c@ dele é minha,
Falou que ia me pegar,
você vai tomar no c*,
é o bonde das amantes, caçadoras de peru...
Fiel é o c@r@lh#,
você é empregadinha,
lava, passa e cozinha, mas a p/.c@ dele é minha,
lava, passa e cozinha, mas a p/.c@ dele é minha,
Falou que ia me pegar,
você vai tomar no c*,
é o bonde das amantes, caçadoras de peru...
Já saí com o Alex e já namorei o Rodrigo,
mas no final da noite vou comer o seu marido,
mas no final da noite vou comer o seu marido,
Você fica nervosa, fica toda irritadinha,
mete o dedo no c*, pois a p/.c@ dele é minha,
mete o dedo no c*, pois a p/.c@ dele é minha.

Essa música faz muito sucesso, assim como "Sem calcinha". A letra começou como uma brincadeira em resposta a outra música. Olha que eu presenteei o público LGBT com uma música especial chamada "Sou gay", mas não tem jeito: eles a consideram um grande sucesso!

A música "Sou gay" abriu uma dúvida na cabeça de todos: será que a Valesca já se relacionou com outra mulher? Era o que mais me perguntavam na rua, era o que todo mundo queria saber. A música é simples e eu acho normal, mas os homofóbicos, os preconceituosos, não a aceitaram bem. Eu recebia ataques diariamente nas minhas redes sociais pelo simples fato de ter feito essa música para um público que eu amo e defendo, então encerro este capítulo com essa letra, que eu tenho muito orgulho de ter cantado e gravado.

Como falei em uma entrevista, se meu filho fosse gay eu ficaria bem feliz, meu desgosto seria se ele destratasse um gay, aí sim eu teria uma grande decepção.

Vem, meu bem, não tem ninguém
Apaga a luz, relaxa e vem
Suei, beijei, gostei, gozei
Sou bi, sou free, sou tri, sou gay

Cheguei na boate
E ao som do bate cabelo eu vi
Não sei o que senti,
Mona, "aquenda" o que vi
Senti um calor e na pista desci
Ao som do DJ me liberei
Te olhei e percebi, que aqui posso ser free
Dança comigo, sente meu som
Dança comigo, e sente o que é bom
No bate cabelo na pista senti
Seus lábios aos meus senti que sou free
Beijei uma mulher
Um gosto bom eu senti
Eu posso ser livre ou posso ser bi
Vem, DJ, coloca o bate cabelo
Vem, DJ, aqui todo mundo é free
É homem com homem arrasa as bee
Simbora, DJ, que eu quero cantar

VALESCA

Mulher com mulher é bom de beijar
Se joga na pista e venha ser free
Bate cabelo comigo é assim

Existem várias formas de rotularem minhas músicas como polêmicas, e eu sempre questiono se estão julgando pelo fato de ser funk ou pelo fato de eu ser uma mulher libertária cantando funk.

Será que, se fosse um homem cantando letras desse tipo, daria tanta discussão assim? Claro que não. Tá aí o meu grande amigo Mr. Catra, que tem legiões de fãs, desde o gueto até a alta sociedade, por ser considerado pelos machos um exemplar valiosíssimo de *homo erectus*.

PALAVRAS FINAIS

Estupro

SE TEM UM AS-SUNTO QUE ME-XE COMIGO ES-SE ASSUNTO É O ESTUPRO. Tenho uma opinião muito clara: não existe nada nesse mundo que me faça dizer que "a culpa foi da vítima". Jamais aceitarei tal argumento.

Cresci em comunidade e vi de perto casos de abusos que me deixavam abismada. Naquela época, eu não entendia muito bem, mas hoje vejo que deixei de ajudar e dar apoio a muitas meninas por falta de informação e conhecimento.

Por que estou falando isso?

Quando eu era mais nova, com 11 ou 12 anos, uma amiga sempre relatava o abuso que sofria por parte de seu professor. Ele sugeria que ela fosse na casa dele para ter "aulas" particulares. É claro que naquela época eu não tinha um por cento da cabeça que tenho hoje, e não entendia que aquilo se tratava de um abuso.

Casos como esse são recorrentes e, infelizmente, por falta de conhecimento e medo, muitas meninas e mulheres não denunciam!

Me machuca saber que muitas vezes a vítima é considerada a "culpada" da história. Isso não existe, gente! Não tem essa de roupa curta ou provocante! Até mulheres de burca são violentadas todos os dias.

O julgamento em cima de mulheres que ouvem funk ou que frequentam bailes é enorme.

Culpar a vítima e os "outros" é tão comum, culpar o ambiente é tão comum, mas por que não culpar de fato o criminoso? Por que não tratá-lo como o marginal que é? Para mim, uma pessoa que faz isso merece a castração química. Não merecia nem mais viver em sociedade!

É triste ler comentários do tipo "ela pediu", ou "se estivesse em casa isso não teria acontecido". ACONTECERIA, SIM! Porque são inúmeros os casos de mulheres violentadas dentro de casa, na igreja, saindo do trabalho ou da escola. Quem precisa saber controlar os desejos são os criminosos que cometem tal ato, não a vítima!

A pior marca que pode ficar em uma vítima de estupro é o julgamento da sociedade a culpando pelo crime!

Eu posso andar pelada, posso estar pelada que ninguém tem o direito de encostar em mim. No meu corpo mando eu, e as regras são minhas.

Além disso, quantas mulheres casadas são violentadas todos os dias pelo marido? Quantas vezes elas falaram "hoje não", e mesmo assim o marido não respeitou sua vontade? É triste, mas é a realidade de muitas donas de casa.

A minha mãe ja foi vítima de abuso. Quando ela me contou, eu chorei. Senti uma tristeza muito grande e eu podia ver nos olhos dela o sofrimento ao me contar tudo aquilo. Quando isso acontece com pessoas próximas a nós, acabamos olhando para o assunto de forma diferente. Eu, assim como muitas mulheres, tenho muito medo de sofrer um abuso.

Precisamos ter coragem para continuar denunciando! Não tenham medo.

Estupro é crime, e quem o comete merece punição severa, sim!

A minha vida tem sido assim, com grandes emoções e conquistas, mas tudo sempre à custa de muita luta. Sempre faço valer o lema de que na vida tudo tem que ser na base do sangue, suor e lágrimas.

Quando eu resolvi escrever este livro, minha intenção era compartilhar com você um pouco da minha vivência. Tem sido uma vida difícil, batalhada, mas muito rica em emoções e sentimentos. Espero que as minhas histórias inspirem você a ir atrás do seu sucesso também.

Eu sei que você consegue!

Um dia vou escrever a minha biografia, e ela com certeza vai contar que encontrei pessoas que passaram por transformações positivas depois de ler o meu primeiro livro.

Se você um dia for a um show meu, me procure no camarim! Diga à produção que você leu o meu livro e gostaria de me dar um abraço. Eu vou ficar TÃO FELIZ por conhecer você e saber que eu posso contar com mais um admirador e amigo!

Obrigada, de coração, pelo interesse em saber o que eu tinha para contar. Um carinhoso beijinho no ombro de cada um de vocês,

Baixe com exclusividade a música

disponível no QR-Code, especialmente para vocês, leitores e popofãs:

Este livro foi composto nas tipologias Gill Sans STD e
KG Piece by Piece, em corpo 10,5pt, e impresso em
papel Offset 90 g/m^2 na gráfica Lis Gráfica.